Jürgen Weber

Gestaltung der Kostenrechnung

GABLER EDITION WISSENSCHAFT

**Schriften des Center for Controlling
& Management (CCM), Band 21**
Herausgegeben von
Universitätsprofessor Dr. Jürgen Weber
Wissenschaftliche Hochschule für Unternehmensführung (WHU) – Otto-Beisheim-Hochschule

Die Schriftenreihe präsentiert Ergebnisse betriebswirtschaftlicher Forschung im Bereich Controlling und Führung. Sie basiert auf einer akteursorientierten Sicht des Controlling, in der die Rationalitätssicherung der Führung einen für die Theorie und Praxis zentralen Stellenwert einnimmt.

Jürgen Weber

Gestaltung der Kostenrechnung

Notwendigkeit, Optionen und Konsequenzen

Deutscher Universitäts-Verlag

Bibliografische Information Der Deutschen Bibliothek
Die Deutsche Bibliothek verzeichnet diese Publikation in der Deutschen
Nationalbibliografie; detaillierte bibliografische Daten sind im Internet über
<http://dnb.ddb.de> abrufbar.

1. Auflage November 2005

Alle Rechte vorbehalten
© Deutscher Universitäts-Verlag/GWV Fachverlage GmbH, Wiesbaden 2005

Lektorat: Brigitte Siegel / Stefanie Loyal

Der Deutsche Universitäts-Verlag ist ein Unternehmen von
Springer Science+Business Media.
www.duv.de

Das Werk einschließlich aller seiner Teile ist urheberrechtlich geschützt.
Jede Verwertung außerhalb der engen Grenzen des Urheberrechtsgesetzes
ist ohne Zustimmung des Verlags unzulässig und strafbar. Das gilt insbesondere für Vervielfältigungen, Übersetzungen, Mikroverfilmungen und die
Einspeicherung und Verarbeitung in elektronischen Systemen.

Die Wiedergabe von Gebrauchsnamen, Handelsnamen, Warenbezeichnungen usw. in diesem
Werk berechtigt auch ohne besondere Kennzeichnung nicht zu der Annahme, dass solche
Namen im Sinne der Warenzeichen- und Markenschutz-Gesetzgebung als frei zu betrachten
wären und daher von jedermann benutzt werden dürften.

Umschlaggestaltung: Regine Zimmer, Dipl.-Designerin, Frankfurt/Main
Druck und Buchbinder: Rosch-Buch, Scheßlitz
Gedruckt auf säurefreiem und chlorfrei gebleichtem Papier
Printed in Germany

ISBN 3-8350-0201-5

Vorwort

Ein – wenn auch kurzes – Buch über Kostenrechnung zu schreiben, mag in einer Zeit verwundern, in der die im deutschsprachigen Raum seit über einem Jahrhundert übliche Trennung in ein internes und ein externes Rechnungswesen zunehmend obsolet wird, in der die Bedeutung der financial accountants nicht nur in den USA die der management accountants übersteigt, in der das „klassische Betriebsergebnis" hinter dem GuV-Ergebnis oder der wertorientierten Ergebnisgröße in seiner Bedeutung zurückbleibt, ja häufig überhaupt nicht mehr ermittelt wird.

Dennoch sollten diese Entwicklungen den Kostenrechner nicht traurig stimmen: Eine GuV, die über Geschäftssegmente Auskunft geben kann, vermag dies nicht, ohne auf eine in die Tiefe gehende Abbildung der internen Werteströme zurückzugreifen. Die Wertdivergenzen zwischen (ehemals) beiden Rechenkreisen mögen – zumindest für die nächste Zeit – verschwinden; an der Notwendigkeit einer bei Kostenstellen ansetzenden Erfassung und Verrechnung des Werteverzehrs wird sich dagegen nichts ändern. Also lohnt es sich, Fragen der Kostenrechnung weiter auf dem Radarschirm zu behalten.

Die Entwicklung des externen Rechnungswesens hat in der letzten Zeit den Blick dafür verstellt, dass die Kostenrechnung auch unabhängig von der Harmonisierungswelle deutlichen Veränderungen ausgesetzt ist. Auf der einen Seite haben sich wesentliche Erleichterungen in der Datenerfassung, -speicherung und -auswertung ergeben. Fragen der Informationsbereitstellung haben deutlich an Engpasscharakter verloren, solche der Informationsverwendung dagegen an Bedeutung gewonnen. Auf der anderen Seite führen die beiden „guten alten Bekannten" vieler wirtschaftspolitischer Diskussionen – die zunehmende Dynamik und Komplexität – zu neuen Herausforderungen:

- Der Ansatz der Plankostenrechnung, die Kosten durch Sollkostenvorgaben und -kontrollen im Griff zu behalten, hilft in Zeiten notwendiger sprunghafter Kostensenkungen nicht weiter.
- Der Aufbau detaillierter Kostenerfahrung macht bei schneller werdender Veränderung immer weniger Sinn.
- Wenn für ein neues Produkt eine neue Fabrik gebaut wird, die nach wenigen Jahren am Ende des Produktlebenszyklus wieder abgebrochen wird, passt die Fokussierung auf variable Kosten nicht mehr.

- Wenn der Arbeitsalltag der Manager immer hektischer wird, müssen sich Kosteninformationen einem immer stärkeren Wettbewerb um die Aufmerksamkeit der Manager stellen.

- Wenn nicht nur Skandale wie Enron zeigen, dass die Führung nicht immer die Ziele des Unternehmens verfolgt, muss die Frage erlaubt sein, wie sich durch Kostenrechnung Opportunismus begrenzen lässt und ob bzw. inwieweit umgekehrt die Gefahr besteht, dass Kostenrechnung selbst opportunistisch ausgebeutet bzw. benutzt werden kann.

Führt man sich derartige Erkenntnisse vor Augen, wird die Berechtigung, sich mit Fragen der Kostenrechnungsgestaltung auseinander zu setzen, schnell deutlich. Hierfür besteht aber in der deutschsprachigen Literatur ein erhebliches Defizit. Zwar findet sich eine lange und intensiv geführte Diskussion, welches Kostenrechnungssystem denn das Beste sei. Diese geht in ihrer Intensität deutlich über den internationalen Stand hinaus. Gleiches gilt für die Ausformung der diskutierten Systeme, insbesondere für die Grenzplankostenrechnung. Allerdings hat sich die einschlägige Literatur kaum damit auseinander gesetzt, wie Kostenrechnung auf die konkreten Anforderungen eines einzelnen Unternehmens und dessen Kontextsituation hin ausgestaltet werden sollte. Aspekte des Managements des Informationsinstruments Kostenrechnung sind in der Vergangenheit im deutschen Sprachraum stark vernachlässigt worden. Dies lässt die Vermutung zu, dass die deutschsprachige Diskussion trotz ihrer Breite und Tiefe zuweilen Argumentationswege präferiert, die unter Beachtung von Kontextfaktoren in Frage gestellt oder modifiziert werden müssen.

An dieser Stelle setzt das vorliegende Buch an. Es versucht, einen systematischen Überblick über die hierzu wesentlichen Einflussgrößen zu geben und diese in knapper Form zu diskutieren. Das Buch versucht, aus einer deutschen Perspektive heraus den Stand der Literatur widerzuspiegeln, auch wenn dieser bei einzelnen Aspekten durchaus wenig ergiebig ist. Damit liegt auch die Auswahl der primär verwendeten Quellen fest. Die Funktion, einen Überblick zu geben, beschränkt dabei die Eindringtiefe und ist ebenfalls dafür verantwortlich, dass nicht jede einzelne Aussage durch eine umfangreiche Literaturarbeit abgestützt wird. Außerdem sei eine gewisse Häufung eigener Arbeit am Lehrstuhl in den letzten Jahren zugestanden, die allerdings weit von einer wissenschaftlichen Engstirnigkeit entfernt sein sollte.

Die Untersuchung liefert an einigen Stellen neue Argumente und Sichtweisen, für die eine weitergehende Diskussion wünschenswert wäre. Wenn eine solche wirklich in Gang käme, wäre dies auch ein Zeichen dafür, dass Forschung in Deutschland (noch) nicht auf

Beiträge in Journalen verengt werden kann – was aus meiner Sicht durchaus begrüßenswert wäre.

Gedankt sei abschließend dem Gabler-Verlag für die Aufnahme des Manuskripts in die Schriftenreihe des CCM, Prof. Dr. Alfred Wagenhofer und Dr. Matthias Meyer für wertvolle Kommentare und PD Dr. Burkhard Pedell für die Durchsicht des Manuskripts.

Jürgen Weber

Inhaltsverzeichnis

Kapitel 1: Zur Notwendigkeit einer Gestaltung der Kostenrechnung 1

Kapitel 2: In der Untersuchung verwendeter Ordnungsraster 4

Kapitel 3: Abbildungsbezogene Sicht: Analyse prozessbezogener Kontextfaktoren der Kostenrechnung 9
- I. Einführung: Kostenrechnung als Messinstrument 9
- II. Prozessmerkmale 10
  1. Einzelprozesse 11
     - a) Faktorbezogene Merkmale 11
       - (1) Vorherrschende Produktionsfaktorart 11
       - (2) Quantencharakter der Produktionsfaktoren 12
     - b) Prozessbezogene Merkmale i. e. S. 14
       - (1) Prozesstyp i. e. S. 14
       - (2) Wiederholungsgrad 16
       - (3) Automatisierungsgrad 16
       - (4) Beherrschbarkeit 18
     - c) Ergebnisbezogene Merkmale. 18
  2. Prozessmehrheiten 21
     - a) Vorherrschender Prozesszusammenhang 22
     - b) Prozesskomplexität 22
     - c) Vorherrschende Organisation der Prozesse 23
  3. Fazit 25
- III. Merkmale der Prozessabbildung 26
  1. Messeigenschaften 27
  2. Messgüte 29
  3. Messprozesse und -potentiale 31
- IV. Veränderung der Prozessmerkmale 33
  1. Konzeptionelle Analyse 33
     - a) Konsequenzen aus einer Veränderung der Realprozesse 33
     - b) Konsequenzen aus dem Veränderungsbedarf der Kostenrechnung 35
  2. Empirische Erkenntnisse 35
- V. Fazit 36

Kapitel 4: Verwendungsbezogene Sicht: Analyse nutzungs- und nutzerbezogener Kontextfaktoren der Kostenrechnung 38

- I. Rechnungszwecke 38
  1. „Aufgezwungene" Rechnungszwecke 39
  2. Fakultative Rechnungszwecke i. e. S. 40
  3. Empirische Ergebnisse 44
- II. Nutzerbezogene Einflüsse 46
  1. Modellierung von Nutzern der Kostenrechnungsinformationen 46
     - a) Individueller Akteur als Ausgangspunkt 46
     - b) Kollektive Akteure als Erweiterung 49
  2. Modellierung von Kenntnissen und Einbindung der Nutzer 51
  3. Nutzungsarten 54
     - a) Konzeptionelle Analyse 54
     - b) Empirische Ergebnisse 56
- III. Fazit 57

Kapitel 5: Weitere Kontextfaktoren der Kostenrechnung in einer verwendungsbezogenen Sicht 58

- I. Verfolgte Unternehmensstrategie 58
  1. Konzeptionelle Analyse 58
     - a) Einführung 58
     - b) Kostenrechnung im Rahmen der Porter'schen Wettbewerbsstrategien 59
     - c) Kostenrechnung im Rahmen des Strukturierungskonzepts von Miles und Snow 61
  2. Empirische Ergebnisse 63
  3. Fazit 64
- II. Kostenrechnungserfahrung 65
- III. Dominanter Koordinationsmechanismus 68
  1. Überblick 68
  2. Koordinationsmechanismus Pläne 69
  3. Koordinationsmechanismus Selbstabstimmung 70
  4. Koordinationsmechanismus persönliche Weisungen 71
  5. Koordinationsmechanismus Programme 73
  6. Fazit 74
- IV. Zugrunde gelegte Theorie der Unternehmung 75
  1. Produktions- und entscheidungsorientierte Betriebswirtschaftslehre 75

		a)	Kurzcharakterisierung des Ansatzes 75
		b)	Bezug zur Kostenrechnung 76
	2.	\multicolumn{2}{l	}{Verhaltensorientierte Ansätze der Betriebswirtschaftslehre .... 78}
		a)	Kurzcharakterisierung der Ansätze 78
		b)	Bezug zur Kostenrechnung im Überblick: Kostenrechnung als Instrument zur Beeinflussung und Koordination von Akteuren 80
		c)	Bezug zur Kostenrechnung: Prinzipal-Agenten-Theorie 84
		d)	Bezug zur Kostenrechnung: Behavioral Accounting 86
	3.	\multicolumn{2}{l	}{Konsequenzen der Theoriesichten für die Beurteilung von Kostenrechnungssystemen .... 89}
		a)	Vollkostenrechnung 89
		b)	Plankostenrechnung 92
		c)	Deckungsbeitragsrechnungen 94
		d)	Relative Einzelkostenrechnung 98
		e)	Prozesskostenrechnung 100
		f)	Zusammenfassender Vergleich 104

Kapitel 6: Zusammenfassung 108

Literaturverzeichnis 111

Kapitel 1: Zur Notwendigkeit einer Gestaltung der Kostenrechnung

Kostenrechnung[1] nimmt – trotz eines seit geraumer Zeit konstatierten Bedeutungsrückgangs[2] – weiterhin eine zentrale Position innerhalb des betrieblichen Rechnungswesens ein. Anders als dies für die externe Rechnungslegung zutrifft, sind die Unternehmen weitgehend frei in der Entscheidung, eine Kostenrechnung zu betreiben oder nicht. Von bestimmten Zulieferfunktionen für die externe Rechnungslegung abgesehen – die sich prinzipiell auch anders abdecken lassen[3] – bildet die Kostenrechnung damit ein fakultatives Instrument der Unternehmensführung[4]. Folglich bedarf es zu Einführung und Betrieb einer Kostenrechnung einer konkreten Analyse ihrer Effektivität und Effizienz. Diese muss sowohl die Frage des „ob" als auch die des „wie" beantworten.

Beide Fragestellungen sind in der einschlägigen Literatur allerdings bisher nur unzureichend thematisiert worden. Ein grundsätzlicher Nutzen der Kostenrechnung wird in den Kostenrechnungslehrbüchern zumeist lediglich – und dies implizit – vorausgesetzt; es verbleibt bei einer Ansprache in wenigen Einzelfragen und dort bei Hinweisen, zusätzliche Genauigkeit und/oder Aussagefähigkeit mit zusätzlichen Erfassungs- und anderen Kosten der Kostenrechnung abwägen zu müssen[5]. Der hohe Durchdringungsgrad der Praxis reduziert – die Gültigkeit der Effizienzhypothese vorausgesetzt[6] – nicht das Versäumnis, wohl aber die potenziell damit verbundene Gefahr.

Erhebliche Defizite bestehen auch hinsichtlich der Frage, wie Kostenrechnung möglichst weitgehend an die Spezifika eines konkreten Unternehmens anzupassen ist[7]. Es scheint der impliziten Hypothese gefolgt zu werden, dass sich kein gesondertes Gestaltungsproblem stellt, da hierfür keine nennenswerten Freiheitsgrade bestehen. Eine systematische Diskussion findet sich in keinem der gängigen deutschsprachigen Kostenrechnungslehr-

---

[1] Der Begriff „Kostenrechnung" wird in diesem Papier – sofern nicht speziell näher konkretisiert – als Kurzfassung für „Kosten-, Erlös- und Ergebnisrechnung" verwendet.
[2] Vgl. z.B. exponiert Johnson/Kaplan (1987) oder Weber (1993), S. 4-7.
[3] So verfügen etwa viele kleinere und mittlere Unternehmen nicht über eine Kostenrechnung. Vgl. den empirischen Befund bei Frank (2000), S. 95.
[4] Nach *Hummel/Männel* zählt die Freiwilligkeit zu den zwingenden Begriffsmerkmalen einer Kostenrechnung. Vgl. Hummel/Männel (1986), S. 12.
[5] Etwa bei der Frage, ob eine pauschale Schlüsselung von Kosten durch die Implementierung zusätzlicher Erfassungsinstrumente (z.B. Nutzung von BDE-Systemen) zugunsten einer leistungsbezogenen Verrechnung vermieden werden kann.
[6] Vgl. zur Effizienzhypothese Homann/Suchanek (2000), S. 410.
[7] Vgl. als eine – von der starken Veränderung wichtiger Kontextfaktoren motivierte – Ausnahme von dieser Feststellung Weber (1989). Dieser Beitrag ist in der einschlägigen Literatur allerdings kaum aufgegriffen worden. Vgl. daneben Küpper (1993), der einen Überblick über empirische Forschung zur Kostenrechnung gibt und dabei auch Gestaltungsfragen diskutiert, und Aust (1999), S. 135-147, der aktueller noch eine deutlich größere Zahl von Studien wiedergibt.

bücher[8]. Dies zeigt schon ein Blick in die Stichwortverzeichnisse, in denen Hinweise wie „Kontextabhängigkeit der Kostenrechnung" oder „Kostenrechnungsgestaltung" gänzlich fehlen. Auf entsprechende Bezüge trifft man nur bei der Diskussion spezifischer kostenrechnerischer Strukturen oder Prozeduren, wie etwa dann, wenn für eine Kuppelproduktion eine andere Kostenverrechnung vorgeschlagen wird als für eine durchlaufende Stoffverwertung[9]. Aussagen über ökonomische Wirkungen unterschiedlicher Gestaltungsoptionen fehlen weitestgehend. Der Gestaltungsspielraum der Kostenrechnung erscheint so auf der einen Seite kaum begrenzt – insbesondere wenn man die Möglichkeiten aktueller Standard-Software nutzt –, auf der anderen Seite keiner tiefer gehenden betriebswirtschaftlichen Analyse würdig. Von „wenn-dann"-Aussagen ist der Stand der Literatur weit entfernt. Es fehlt bislang bereits an einem hinreichend strukturierten Überblick über die Gestaltungsoptionen.

Dieser unbefriedigende konzeptionelle Stand be- oder verhindert schließlich auch Versuche, Einflussgrößen auf die Gestaltung der Kostenrechnung aus empirischen Studien abzuleiten. Kostenrechnung ist empirisch gesehen insgesamt vergleichsweise wenig erforscht[10]. Abgesehen von rein deskriptiven Studien („Wie viel Prozent der Unternehmen betreiben eine Vollkostenrechnung?") liegen Ergebnisse am ehesten im Bereich des Behavioral Accounting vor. Aufgrund eines fehlenden Ordnungsrasters liefern sie aber „kein einheitliches Bild"[11].

Die vorliegende Untersuchung unternimmt den Versuch, diese erheblichen, in ihrem Ausmaß erstaunlichen, aber nicht untypischen Defizite zu vermindern[12]. Hierzu wird zum einen die breite Palette von in der Literatur verstreut genannten Einflussgrößen bzw. Kontextfaktoren der Kostenrechnung geordnet und systematisiert. Zum anderen werden die jeweiligen Einflüsse näher analysiert und in ihrer Wirkung beschrieben. An die konzeptionellen Überlegungen schließen sich dabei – falls vorliegend – jeweils Aussagen zu entsprechenden empirischen Befunden an. Die Breite und Tiefe der Diskussion wird da-

---

[8] Vgl. etwa Freidank (1997); Hummel/Männel (1986); Kilger/Pampel/Vikas (2002); Kloock/Sieben/Schildbach (1999); Schweitzer/Küpper (2003). Dies gilt auch für das umfassende Handbuch Kostenrechnung (Männel (1992)), das unter der Überschrift „Besonderheiten der Kostenrechnung" lediglich auf unterschiedliche Branchen eingeht. Ähnliches ist für amerikanische Lehrbücher festzustellen; vgl. etwa Demski (1994); Horngren/Datar/Foster (2003); Kaplan/Atkinson (1998); eine Ausnahme bildet etwa Zimmerman (1997), der der Thematik das Schlusskapitel seines Buches widmet.

[9] Vgl. zu der Abhängigkeit der Kostenrechnung vom vorherrschenden Prozesstyp den Abschnitt I.1. im 3. Kapitel dieser Untersuchung.

[10] Vgl. etwa den Überblick bei Homburg et al. (2000), S. 310-312.

[11] Schweitzer/Küpper (2003), S. 586. Vgl. auch die Ausführungen im Kapitel 4., Abschnitt II., dieser Untersuchung.

[12] Erstaunlich insbesondere angesichts der Breite vorliegender Literatur zur Kostenrechnung einerseits und des sehr hohen praktischen Implementierungsgrades sowie hoher Kosten des Instrumentes andererseits. Nicht untypisch auf Grund der Tatsache, dass auch für andere betriebswirtschaftliche Instrumente derartiges Wissen derzeit häufig nur bruchstückhaft vorliegt.

bei an den jeweiligen Neuigkeitsgrad in der einschlägigen Literatur zur Kostenrechnung angepasst.

Damit sind die Ziele der Untersuchung hoch gesteckt. Angestrebt werden – zumindest im Ansatz – fundierte Gestaltungsaussagen für die Kostenrechnung. Hierzu werden sehr unterschiedliche Perspektiven einbezogen. Dies bedeutet auch den Versuch einer Einordnung der Kostenrechnung in das Theoriegebäude der Betriebswirtschaftslehre, der über traditionelle Rechnungswesenfragen und Bezüge zu der häufig für die Kostenrechnung herangezogenen Entscheidungstheorie deutlich hinausgeht. Das Spektrum reicht von der Kontingenztheorie über „klassische" verhaltenswissenschaftliche Ansätze sowie die Institutionenökonomik bis hin zu einer konstruktivistischen Perspektive im Grenzbereich zur Soziologie.

Kapitel 2: In der Untersuchung verwendeter Ordnungsraster

Einflussgrößen auf die Gestaltung der Kostenrechnung lassen sich in der einschlägigen Literatur in großer Zahl finden. Einigkeit herrscht z.B. darüber, dass Genauigkeit und Detaillierung der Kostenrechnung stark von den zu Grunde liegenden Erfassungssystemen abhängen, dass die Heterogenität des Produktprogramms die Gestalt der Kalkulationsverfahren in der Kostenträgerrechnung bestimmt oder dass die Vollkostenrechnung für eine „klassische" entscheidungsorientierte Sicht der Unternehmensführung falsche Ergebnisse liefert. Groß ist auch die Vielfalt der Behandlung dieser Bestimmungsfaktoren. Die Spannweite reicht von einer systematischen Diskussion von Kontingenzfaktoren in empirisch geprägten Arbeiten bis hin zu einer ungeordneten Ansprache im Rahmen anderer Ordnungsstrukturen (z.B. im Rahmen der Diskussion von Verrechnungsverfahren). Wie im einführenden Abschnitt bereits angemerkt, fehlen fundierte übergreifende Ordnungsansätze völlig.

Um einen solchen zu entwickeln, stehen wiederum unterschiedliche Möglichkeiten offen. Grundsätzlich lässt sich unterscheiden zwischen Ansätzen, die einer speziellen theoretischen Sichtweise folgen[13], und solchen, die unterschiedliche Perspektiven parallel berücksichtigen. Erstere haben den Vorteil einer hohen Geschlossenheit, können aber nur einen Teil der Vielfalt der Einflussgrößen abdecken. Letztere werden zwar der Vielgestaltigkeit der Bestimmungsfaktoren gerecht, laufen aber leicht Gefahr, den Charakter einer „Wäscheliste" zu besitzen, dem durch besondere Sorgfalt der Strukturierung begegnet werden muss. Um die im ersten Abschnitt formulierten Ziele dieser Untersuchung zu erfüllen, wird der zweiten Möglichkeit gefolgt.

Der gewählte Ordnungsraster nimmt im ersten Schritt eine Zweiteilung der Einflussgrößen vor. Sie setzt an zwei unstrittigen, fast selbstverständlichen Grundmerkmalen der Kostenrechnung an[14]: (1) Die Kostenrechnung leistet eine Abbildung von Realprozessen. (2) Die damit ermittelten Zahlen werden genutzt, d.h. für spezielle Fragestellungen verwendet. Damit ergeben sich zwei grundlegende Gruppen von Einflussgrößen: Auf der einen Seite stehen solche, die Merkmale der Abbildung der Realprozesse betreffen. Auf

---

[13] Eine solche Vorgehensweise läge z.B. dann vor, wenn Aufbau und Ablauf der Kostenrechnung allein aus der Sicht von potenziellen Interessenkonflikten von Kostenverantwortlichen unterschiedlicher Hierarchiezugehörigkeit diskutiert würden. Eine solche Perspektive besitzt beispielsweise im Lehrbuch von *Ewert* und *Wagenhofer* eine besondere Bedeutung (Ewert/Wagenhofer (2003)). Vgl. auch den Abschnitt 4. des 5. Kapitels dieser Untersuchung.

[14] In ähnlicher Weise unterscheidet *Schneider* in Mess- und Wirkungstheorien des Rechnungswesens. Vgl. Schneider (1994), S. 28.

der anderen Seite finden sich Einflussgrößen, die auf Merkmale der Nutzung und der Nutzer der erfassten Kosten gerichtet sind.

Die Gruppe der abbildungsorientierten Bezugsgrößen lässt sich weitergehend in drei Untergruppen differenzieren:

- Die erste von diesen bezieht sich auf abbildungsrelevante Merkmale der widerzuspiegelnden Realprozesse (Messinhalt). Diese lassen sich zu Prozesstypen (z.B. durchlaufende oder zusammenfassende Stoffverwertung) und unterschiedlichen Prozesszusammenhängen gruppieren. Für die Kostenrechnung wird eine solche Abhängigkeit in der Literatur hinsichtlich unternehmens*interner* Prozesse der Leistungserstellung vergleichsweise umfangreich diskutiert. Für die Leistungsverwertungsprozesse in Bezug auf Märkte und/oder einzelne Kunden finden sich dagegen deutlich weniger Ausführungen. In diese Gruppe von Einflussgrößen lässt sich schließlich auch das Konstrukt der Komplexität einordnen, das die einzelnen Prozessmerkmale in einer Größe zusammenfasst, der in der Kontingenztheorie allgemein eine exponierte Bedeutung zukommt.

- Auch das zweite Set an Einflussgrößen setzt an der Abbildung von Prozessen an, betrachtet aber nicht den Messinhalt, sondern Eigenschaften der Messung selbst. Hierunter fallen Kriterien wie Aktualität, Genauigkeit und Detaillierung sowie solche der Messgüte. Zu diesen zählt die Reliabilität der Messung (z.B. Schutz gegenüber Datenmanipulation) ebenso wie ihre Validität[15]. In der Kostenrechnungsliteratur werden entsprechende Fragen angesprochen, aber nicht systematisch diskutiert.

- Schließlich lässt sich noch ein Einfluss differenzieren, der die Veränderung der bisher genannten Kontextfaktoren betrifft. Wie eine starke Veränderung der Prozesse und Prozesszusammenhänge auf die Kostenrechnung wirkt, ist in der einschlägigen Literatur bislang ebenfalls nur am Rande diskutiert worden[16]. In kontingenztheoretischen Überlegungen bildet die Dynamik allerdings neben der Komplexität einen zweiten zentralen Kontextfaktor.

Die Frage, wie bzw. wozu und von wem die abgebildeten Kosten genutzt werden, führt zur zweiten Gruppe von Einflussfaktoren auf die Gestaltung der Kostenrechnung. Sie enthält zum einen sehr vielschichtige, zum anderen sehr unterschiedlich weitreichenden Einfluss ausübende Elemente. Deshalb sei sie weiter in zwei Gruppen differenziert: Die

---

[15] Bei Letzterer ist eine Einschätzung allerdings nur dann möglich, wenn die Frage nach dem Zweck bzw. der Verwendung der Zahlen geklärt ist. Insofern steht die Validität als Einflussfaktor zwischen den beiden grundsätzlich unterschiedenen Einflussgrößengruppen.

[16] Vgl. als eine Ausnahme von dieser Aussage Weber (1995).

erste der beiden setzt in einer Art von „Mikro"perspektive an der Betrachtung von Einzelverwendungen/-wirkungen von Kostendaten an und unterscheidet dabei eine Nutzungs- und eine Nutzerperspektive:

- Wozu die Daten der Kostenrechnung genutzt werden, wird in der einschlägigen Literatur sehr umfangreich unter dem Stichwort „Rechnungszwecke" diskutiert. Dabei finden sich auch Aussagen zu den Einflüssen von Rechnungszwecken auf die Kostenrechnungsgestaltung, allerdings zumeist nur auf globalem Level (z.B. Notwendigkeit einer Vollkostenrechnung zur Lösung des Preiskalkulationszwecks).

- Ausführungen dazu, welche Nutzer Kostenrechnungsdaten wie verwenden, fehlen in den Kostenrechnungslehrbüchern fast völlig. Allenfalls wird auf die Notwendigkeit verwiesen, Manager im Umgang mit der Kostenrechnung zu schulen bzw. zu coachen. Nur in spezifischer empirischer Literatur oder in außerhalb der Kostenrechnungs-Community angefertigten Arbeiten[17] findet man ausführlichere Abhandlungen. Aber auch dort fehlt eine vertiefte Auseinandersetzung mit den Konsequenzen unterschiedlicher Nutzung auf die Gestaltung der Kostenrechnung.

Die zweite Gruppe nutzungs- und nutzerbezogener Einflussfaktoren nimmt eine Art „Makroperspektive" ein. Auch hier lassen sich weitergehend sehr unterschiedliche Aspekte unterscheiden:

- Als erste „übergeordnete" Einflussgröße sei die vom Unternehmen verfolgte Unternehmensstrategie betrachtet, die nicht nur Einfluss auf die Prozesse der Leistungserstellung und -verwertung nimmt, sondern auch Auswirkungen auf Zwecke und Formen der Nutzung der Kosten hat. Aus beidem ist ein Einfluss auf die Gestaltung der Kostenrechnung zu vermuten. Dieser wird in der einschlägigen Literatur auch häufiger postuliert (vgl. den Abschnitt I. im Kapitel V. dieser Untersuchung).

- Eine weitere Einflussgröße auf Makrolevel ist in der Erfahrung zu sehen, die Unternehmen, speziell Kostenrechner und Manager, mit dem Instrument Kostenrechnung gesammelt haben, sei es im Verständnis (User Know-how), sei es in der konkreten Anwendung (z.B. vollzogene Ausschöpfung von Rationalisierungspotenzialen). Hiermit wird die Frage thematisiert, ob es für die Kostenrechnung eine Form von Lebenszyklus gibt, wie er bei Produkten und Technologien typisch ist. Sie ist in der Literatur zur Kostenrechnung weitest-

---

[17] Vgl. z.B. die soziologisch motivierte Arbeit von Heise (2000).

gehend unbekannt; Kostenrechnung wird in den Lehrbüchern als ein auf Dauer in ähnlicher Form zu nutzendes Informationsinstrument dargestellt.

- Als dritte Einflussgröße auf dem Makrolevel sei die Frage behandelt, ob und inwieweit Kostenrechnung von unterschiedlichen Ausprägungen der Führungsstrukturen abhängt. Auch für diese – sehr nahe liegende – Thematik finden sich in der Literatur kaum tiefgehende Untersuchungen. Als die Führungsstrukturen bestimmende Größe werden hier Koordinationsmechanismen gewählt, die sich in der Controlling-Diskussion als tragfähig erwiesen haben[18].

- Die letzte und sehr grundlegende Einflussgröße ist in der Frage der theoretischen Perspektive zu sehen, aus der heraus Unternehmen betrachtet werden. Die Literatur zur Kostenrechnung ist stark durch die produktionstheoretische Sichtweise von *Gutenberg* und darauf aufbauend durch eine entscheidungstheoretische Perspektive der Unternehmung geprägt. Eine Betrachtung der Kostenrechnung vom Standpunkt der Prinzipal-Agenten-Theorie führt zu abweichenden Aussagen über benötigte Kosteninformationen. Bezieht man noch weiter gehend Eigenschaften von handelnden Menschen in die Modellierung von Unternehmen ein, gelangt man zu Ansätzen, die Bezüge zu soziologischen Arbeiten aufweisen. Am Ende des Spektrums stehen konstruktivistische Sichtweisen der Kostenrechnung, die nur noch wenige Gemeinsamkeiten mit produktionstheoretischen Ansätzen besitzen. Eine derartige, sehr grundlegende Diskussion wird in der einschlägigen Kostenrechnungsliteratur bislang noch nicht geführt. Einige Facetten einer solchen Diskussion bilden einen wichtigen Bestandteil dieser Untersuchung.

Die *Abbildung 1* fasst die genannten Einflussgrößen kurz zusammen.

---

[18] Vgl. für eine analoge Untersuchung bezogen auf das Controlling Weber (2003).

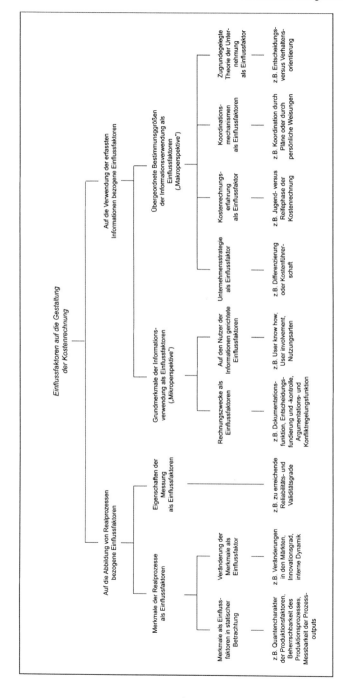

Abb. 1: *Überblick über die betrachteten Einflussfaktoren auf die Gestaltung der Kostenrechnung*

Kapitel 3: Abbildungsbezogene Sicht: Analyse prozessbezogener Kontextfaktoren der Kostenrechnung

Die Kostenrechnung hat nach Meinung der einschlägigen Literatur die Aufgabe, bestimmte Eigenschaften und Merkmale betrieblicher Realprozesse abzubilden[19]. Sie ist in diesem Sinne als ein Messinstrument zu verstehen. Eine nähere Darstellung dieses Tatbestands steht am Anfang dieses Kapitels[20]. Dass Merkmale der abzubildenden Realprozesse den Aufbau und die Gestaltung der Kostenrechnung beeinflussen, ist in der einschlägigen Literatur ebenfalls oftmals dargestellt. Deshalb können die dann folgenden Ausführungen in diesem Abschnitt knapper ausfallen, als dies für die nutzungs- und nutzerbezogenen Einflussgrößen im Abschnitt IV. erforderlich sein wird.

I. Einführung: Kostenrechnung als Messinstrument

Kostenrechnung als ein Messinstrument zu sehen, ist in der einschlägigen Literatur weit verbreitet[21]. Diese Perspektive wird eingenommen, wenn eine „möglichst unverzerrte Abbildung der wirtschaftlichen Realität" gefordert wird, wenn die Rede von „Abbildungsfehlern und -verzerrungen" ist oder wenn die Forderung nach einer „Erhöhung der Abbildungsgenauigkeit" gestellt wird. Aufgabe der Kostenrechnung ist es in dieser – häufig implizit zu Grunde gelegten – Perspektive, eine möglichst präzise Antwort auf die Frage zu geben, *wann welche Kosten wofür angefallen sind.*

Diese Perspektive basiert auf einem natur- bzw. ingenieurwissenschaftlichen Messverständnis. Sie wird geleitet von der Grundidee, dass es (1) eine objektive (intersubjektiv nachprüfbare) wirtschaftliche Realität gibt, die in Kosten und Erlösen abgebildet werden kann, und dass (2) diese Realität nicht (nennenswert) durch die Messung beeinflusst wird. (Nur) Damit ist es möglich, Fragen der Messung unabhängig von Fragen der Verwendung der gemessenen Werte zu diskutieren.

Das zu Grunde liegende Messmodell leitet sich durchweg aus produktionswirtschaftlichen Vorstellungen ab. Betrachtet wird im Kern ein Leistungserstellungsprozess, der der

---

[19] Vgl. für Viele Coenenberg (2003), S. 3-5.
[20] Die Messperspektive der Kostenrechnung ist sowohl Basis für die folgenden abbildungsbezogenen Einflussgrößen, als sie auch bei der Diskussion des Einflusses von Theorien der Unternehmung eine wichtige Rolle spielen wird. Vgl. hierzu den Abschnitt IV. im 5. Kapitel dieser Untersuchung.
[21] Vgl. als eine typische Quelle Riebel (1994), S. 23-34.

Folge „Input – Prozess – Output" gehorcht und durch eine Sach- oder Dienstleistungs-Produktionsfunktion beschrieben werden kann. Aufgabe der Kostenrechnung ist es, den Faktorver- oder -gebrauch wertmäßig „realitätsgetreu" abzubilden und der entstandenen Leistung zuzuordnen. Die Messung vollzieht sich dabei indirekt: Direkt erfasst werden Faktor- und Leistungsmengen sowie Zahlungen; beide sind dann durch Zuordnungsvorschriften aufeinander zu beziehen. Die Güte dieser Zuordnungsvorschriften gewährleistet die Validität der Messung. Unterschiedliche Rechnungssysteme verwenden unterschiedliche Zuordnungsvorschriften (die Vollkostenrechnung das Verursachungsprinzip (in der Ausprägung des Kausal- oder Finalprinzips), Teilkostenrechnungen das Marginalprinzip bzw. – für die relative Einzelkostenrechnung – das Identitätsprinzip). Die Reliabilität bzw. Fehlerfreiheit der Messung wird insbesondere durch die Anknüpfung an vorhandene reliable Vorsysteme zu erzielen versucht (Finanz-, Personal- und Anlagenbuchhaltung, Betriebsdatenerfassungssysteme, Stücklisten und Arbeitsgangplandateien).

Ziel aus der Messperspektive heraus ist es, das Kostenrechnungssystem so zu gestalten, dass es eine möglichst valide und reliable Abbildung „der wirtschaftlichen Realität" erreicht[22]. Eine Begrenzung erfährt dieses Ziel allein durch die Kosten der Messung; eine höhere Messgenauigkeit wird einer niedrigeren bei gleichen Kosten vorgezogen, höhere Genauigkeit (z.B. durch die Installation von Stromzählern an jeder Anlage anstelle einer solchen für eine Fertigungshalle) gegen höhere Erfassungskosten (Kosten der Zähler) abgewogen. Für diese Abwägung liegen in der Literatur allerdings keine substanziellen Abschätzungen des Nutzens höherer Genauigkeit vor, ebenso, wie auch die Kosten der Kostenrechnung nicht oder nur ausschnitthaft bekannt sind[23].

II. Prozessmerkmale

Die Kostenrechnung bildet Realprozesse ab. Diese können sehr unterschiedlicher Art sein. Die Möglichkeiten zur Differenzierung sind fast unbegrenzt. Von diesen seien im Folgenden diejenigen ausgewählt, die zum einen in der einschlägigen Kostenrechnungsliteratur häufiger genannt werden, zum anderen potenziell einen signifikanten Einfluss auf die Gestaltung der Kostenrechnung nehmen. Auch in dieser Selektivität kann auf der einen Seite allerdings keine Vollständigkeit garantiert werden. Auf der anderen Seite überrascht jedoch die Vielfalt der Einflussgrößen.

---

[22] Vgl. zu diesem Merkmal auch die später in diesem Kapitel folgenden Ausführungen.
[23] Vgl. als eine der raren empirischen Erkenntnisse Weber/Weißenberger/Aust (1998), S. 395.

1. Einzelprozesse

Am Anfang steht die Betrachtung von abzubildenden Einzelprozessen, vom Einsatz der Produktionsfaktoren über deren Kombination bis zum Ergebnis des Faktorkombinationsprozesses. Diese drei Stufen bestimmen – wie bereits angemerkt – auch die Struktur der folgenden Argumentation.

a) Faktorbezogene Merkmale

Zwei faktorbezogene Merkmale erweisen sich für die Ausgestaltung der Kostenrechnung als besonders relevant.

(1) Vorherrschende Produktionsfaktorart

Die Leistungserstellung bedarf des Einsatzes unterschiedlicher Produktionsfaktoren. In der Produktionstheorie finden sich mehrere Ansätze von Produktionsfaktorsystemen, die auch der Kostenrechnungsdiskussion zu Grunde gelegt wurden. Letztere rekurriert weiterhin auf die Gliederung der Aufwandsarten der externen Rechnungslegung. Für die hier betrachtete Frage ist weniger das Verhältnis dieser Produktionsfaktoren untereinander relevant[24], sondern vielmehr die Bedeutung der Personalkosten einerseits und der Anlagenkosten andererseits. Anlagenintensive Produktion erfordert nach herrschender Meinung ein anderes Kalkulationsvorgehen als personalintensive Fertigung. Hiermit ist in der Kostenträgerrechnung die Unterscheidung zwischen einer Lohnzuschlagskalkulation und einer Maschinenstundensatzrechnung angesprochen. Hierfür finden sich in der Kostenrechnungsliteratur Standardargumentationen, die auf die Genauigkeit der Kalkulation gerichtet sind[25]. Zuschlagsätze von mehreren hundert Prozent würden den Kostenanfall nur noch sehr unpräzise messen; es sei auf Maßgrößen der Nutzung von Anlagenpotenzialen abzustellen[26]. Ähnlich ist auch für die Kostenstellenrechnung zu argumentieren, wenn statt einer Verwendung von Kostenschlüsseln eine leistungsbezogene Verrechnung der auf Vorkostenstellen erbrachten Leistungen vorgenommen wird. Die Verrechnung

---

[24] Allerdings könnte auch das Faktorverhältnis zu gestalterischen Aussagen führen, wie etwa der, dass die Kostenrechnung die jeweiligen Bedeutungsunterschiede widerspiegeln sollte. Besitzt ein Unternehmen etwa einen hohen Materialkostenanteil, so macht es Sinn, die Materialkosten in der Kostenartenrechnung (Materialeinzelkosten) und der Kostenstellenrechnung (Materialgemeinkosten) intensiver abzubilden.

[25] Vgl. als ein Beispiel von vielen Hummel/Männel (1986), S. 301.

[26] Die in der Überschrift des Abschnitts (später analog) formulierte Einschränkung der „vorherrschenden" Produktionsfaktorart bezieht sich auf die Tatsache, dass ein Unternehmen die Vielfalt des kostenrechnerischen Vorgehens aus Gründen der Vermeidung zu hoher Komplexität begrenzen wird. Eine weit überwiegend von Maschinen dominierte Produktion z.B. wird damit eine durchgängige Verwendung der Maschinenstundensatzrechnung nach sich ziehen, auch wenn wenige Prozessabschnitte personalintensiv sein mögen.

von Instandhaltungskosten auf Basis geleisteter Handwerkerstunden macht dann Sinn, wenn das Instandhaltungspersonal den größten Teil der Instandhaltungskosten verursacht. Bei der Nutzung anlagenintensiver Instandhaltungswerkstätten wäre ein darauf bezogener Kostensatz oder zumindest eine Kombination von beidem genauer.

Die Unterscheidung von personal- und anlagenintensiver Produktion hat allerdings noch einen zweiten wesentlichen Effekt auf die Kostenrechnung zur Folge. Dieser betrifft weniger die Frage der Datenerfassung als die Bedeutung der in der Kostenrechnung gespeicherten Informationen. Liegt eine anlagenintensive Leistungserstellung vor, ist die abgebildete Kostenfunktion im Wesentlichen technisch, d.h. durch die Anlagenkonstruktion, festgelegt. Menschen haben ausführenden, zuarbeitenden oder überwachenden Charakter. In allen drei Fällen ist ihr Einfluss auf die Produktionsfunktion – von signifikanten Minder- oder Fehlleistungen abgesehen – gering. Im Falle der personalintensiven Produktion dagegen gewinnt dieser Einfluss eine erhebliche Bedeutung. Gelingt es bei exakt beschreibbaren und stark repetitiven Tätigkeiten („Fließbandproduktion") noch, durch Verfahren der Leistungsbemessung hinreichend valide Einsatzzeiten des Personals pro Leistungseinheit und damit eine hinreichend valide Produktionsfunktion zu bestimmen, wird ein solches Ergebnis schon bei komplexeren Arbeitsleistungen stark eingeschränkt. Unterschiedliche Leistungsgrade („Tagesform") und unterschiedliche Leistungsschwerpunkte können dann den Zusammenhang zwischen Faktoreinsatz und Leistungsergebnis stark überlagern. Dieses Problem stellt sich insbesondere der Prozesskostenrechnung, deren Domäne repetitive Dienstleistungsprozesse sind. Wird hier etwa durch Selbstaufschreibung die Verteilung der Arbeitszeit von Vertriebsmitarbeitern auf unterschiedliche Produkte bzw. Produktgruppen festgehalten, so sind die ermittelten Zusammenhänge deutlich weniger kostenrechnerisch belastbar als die Auswertung des PPS-Systems hinsichtlich des Einsatzes einer Anlage für unterschiedliche Produktionsaufträge.

Empirische Studien zum Zusammenhang zwischen der vorherrschenden Produktionsfaktorart und der Gestaltung der Kostenrechnung liegen meines Wissens nicht vor.

(2) Quantencharakter der Produktionsfaktoren

Der zweite auf die Produktionsfaktoren gerichtete Aspekt betrifft die Frage, inwieweit Bereitstellungs- und Nutzungsquanten der Faktoren auseinander fallen. Im Falle von Übereinstimmung werden die entsprechenden Güter und Einsatzleistungen als Repetierfaktoren bezeichnet. Sie müssen für jede neue auszubringende Leistungseinheit erneut eingesetzt werden. Können aus einem Bereitstellungsquantum mehrere Outputeinheiten erzeugt werden, liegt in der Sprache der Kostenrechnung ein Potenzialfaktor vor. Für eine Zuordnung seiner Kosten zu den erstellten Leistungen ist ein Kalkulationsproblem zu lösen. Hierzu bestehen mehrere Möglichkeiten, die zu ganz unterschiedlichen Ausprägungen der Kostenrechnung führen:

Auf der einen Seite des Spektrums kann eine anteilige, durchschnittliche Verrechnung der Faktorkosten auf die Leistungsmenge erfolgen. Dies erfordert eine Abschätzung des vom Potenzialfaktor insgesamt erbringbaren Einsatzvolumens (etwa der Gesamtlaufzeit einer Anlage). Diese fällt dann am leichtesten, wenn der Potenzialverzehr im Wesentlichen nutzungsbedingt erfolgt und der Umfang des Potenzials gering ist (etwa beim Einsatz schnell verschleißender Werkzeuge). Gilt erstere Bedingung nicht, bedarf es zur Kostenverteilung einer genauen Prognose der Potenzialinanspruchnahme während der Nutzungsperiode[27]. Ist der Umfang des Potenzials im Verhältnis zu einem Leistungsquantum sehr hoch, wird der zu erwartende Schätzfehler erheblich.

Um die skizzierten Zurechnungsprobleme zu reduzieren, besteht die zweite Möglichkeit darin, nur für einen Teil der Potenzialfaktorkosten eine Zuordnung zu einzelnen Leistungsquanten vorzunehmen. Die Zurechnung der Potenzialfaktorkosten nach dem Verhältnis zwischen Bereitstellungs- und Leistungsquanten zu differenzieren, führt zur Unterscheidung von *Kostenkategorien*[28]. Im einfachsten Fall bedeutet dies eine Differenzierung von variablen und fixen Kosten. Typische Beispiele für variable Kosten von Potenzialfaktoren sind Kosten für ausführende Tätigkeiten wahrnehmendes Personal, leistungsabhängige Instandhaltungskosten oder Reifenkosten im Fuhrpark. Hier besteht ein als hinreichend eng angesehener Zusammenhang zwischen Leistungsvolumen und Faktoreinsatz. Genau betrachtet erfolgt dadurch eine Linearisierung von sprungfixen Kosten[29]. Hinsichtlich der – bildlich gesprochen – „Länge der Treppenstufen" besteht in der Literatur zur Plankostenrechnung die Konvention, dass Variabilität dann vorliegt, wenn die Potenzialfaktorkosten innerhalb des Rahmens der operativen Planung an die Höhe des Leistungsvolumens angepasst werden können[30]. Vorschläge, die grobe Zweiteilung zwischen fixen und variablen Kosten durch eine weitere leistungsbezogene Differenzierung der Fixkosten zu überwinden, finden sich in mehreren Quellen[31], allerdings haben sie keinen Eingang in die praktische Gestaltung von Kostenrechnungssystemen gefunden[32].

---

[27] Vgl. zur Diskussion nutzungsabhängiger versus zeitabhängiger Abschreibungen z.B. Kilger/Pampel/Vikas (2002), S. 305-313.
[28] Kostenkategorien sind ein typisches Merkmal von Kostenrechnungssystemen, die für sich die Eigenschaft der „Entscheidungsorientierung" in Anspruch nehmen. In der Vollkostenrechnung findet sich eine Kategorienbildung dieser Art nicht.
[29] Vgl. statt vieler anderer Weber/Weißenberger (2002), S. 399f.
[30] „Es hat sich in der Praxis als richtig und sinnvoll herausgestellt, bei der Gliederung der Kosten nach ihren fixen und proportionalen Bestandteilen von einer Fristigkeit von etwa einem halben Jahr bis zu einem Jahr auszugehen" (Plaut (1984), S. 24).
[31] Vgl. den Überblick in Holzwarth (1993), S. 148-160.
[32] Allerdings spielen sie in Regulierungsfragestellungen eine besondere Rolle. Vgl. zur Diskussion der sog. „incremental costs" z.B. die Entscheidung der Europäischen Kommission vom 20. März 2001 (Sache COMP/35.141 – Deutsche Post AG), in der verfügt wurde: „Sollten im Einzelfall Marktprei-

Eine nähere Spezifizierung der Fixkosten erfolgt nur im System der stufenweisen Fixkostendeckungsrechnung hinsichtlich der Zuordnung zu entsprechend großen Leistungsquanten (z.B. Fixkosten eines Produkts insgesamt)[33].

Die dritte Möglichkeit der Behandlung von Potenzialfaktorkosten besteht darin, auf eine Zurechnung auf Leistungseinheiten gänzlich zu verzichten. Diesen Weg wählt die von *Riebel* vorgeschlagene relative Einzelkostenrechnung. Dies bedeutet die Abkehr von jeglicher Aufteilung und damit auch vom Grundgedanken einer kalkulatorischen Rechnung[34]. Die mit Potenzialfaktoren verbundenen Auszahlungen werden in einer Kalenderzeitperioden übergreifenden „Grundrechnung der Potenziale" erfasst und für Auswertungen bereitgehalten[35].

Damit erweist sich der Quantencharakter der Produktionsfaktoren indirekt, über die Frage der Zurechenbarkeit von Kosten auf Produkte[36], als eine ganz wesentliche Einflussgröße auf die Gestaltung der Kostenrechnung. Sie hat zur Ausbildung der bekannten Kostenrechnungssysteme geführt und war Gegenstand einer überaus umfangreichen Diskussion in der einschlägigen Literatur. Deren Rezipierung in der Praxis lässt sich empirisch näherungsweise über den Verbreitungsgrad der einzelnen Rechnungssysteme nachvollziehen[37]. Ebenfalls liegen empirische Erkenntnisse über das Verhältnis von variablen und fixen Kosten vor[38].

b) Prozessbezogene Merkmale i. e. S.

Für den Faktorkombinationsprozess selbst lässt sich eine größere Zahl von Merkmalen festhalten, die Einfluss auf die Ausgestaltung der Kostenrechnung nehmen.

(1) Prozesstyp i. e. S.

Bei der Unterscheidung von Typen von Leistungserstellungsprozessen kann man auf eine ganze Reihe von Kriterien abstellen. So differenziert man z.B. stoffumformende (z.B.

---

[33] se nicht zu ermitteln sein, so wird sich der Verrechnungspreis an den leistungsspezifischen Zusatzkosten (*incremental costs*) der DPAG für die einzelnen Dienstleistungen oder Sachgüter orientieren" (Gliederungspunkt F. 21).

Vgl. zum System der stufenweisen Fixkostendeckungsrechnung etwa Bungenstock (1995), S. 287-293.

[34] Nach herrschender Meinung liegt hierin allerdings ein Identifikationsmerkmal einer Kostenrechnung. Vgl. Hummel/Männel (1986), S. 8.

[35] Vgl. z.B. Riebel (1994), S. 455-458.

[36] Indirekt deshalb, weil die Frage nach der Variabilität von Kosten innerhalb der Kostenstellenrechnung beantwortet wird, also nicht direkt Kostenträger betrifft. So lassen sich auch für viele zwischen Kostenstellen verrechnete Leistungen variable und fixe Bestandteile differenzieren.

[37] Vgl. im Überblick Küpper (1993), S. 609, oder Homburg et al. (2000), S. 249.

[38] Vgl. etwa ausführlich Backhaus/Funke (1996).

Pressvorgang eines Bleches) und stoffumwandelnde Fertigungsprozesse (z.B. Synthese eines chemischen Stoffes), daneben – in einer anderen Differenzierung – chemische, physikalische und biologische Prozesse. Für Fragen der Kostenrechnungsgestaltung erweist sich die Unterscheidung nach der Art der Stoffverwertung als besonders bedeutsam. Hier gilt es, vier verschiedene Fälle zu differenzieren.

Bei der *analytischen* (zerlegenden) *Stoffverwertung* werden aus einem maßgeblichen Einsatzstoff mehrere Ausbringungsstoffe hergestellt. Diese Art der Fertigung ist typisch für naturnahe Produktionsprozesse, in denen Rohstoffe in ihre Bestandteile zerlegt werden. Als typisches Beispiel gelten Raffinerien. Für die Kostenrechnung ergibt sich bei dieser Art der Stoffverwertung ein erhebliches Zurechnungsproblem, für das spezifische Kalkulationsverfahren entwickelt wurden[39].

Synthetische (zusammenfassende) *Stoffverwertung* ist typisch für alle Industrien, deren Bezeichnung die Silbe „bau" enthält, wie z.B. Maschinenbau, Fahrzeugbau, Bauindustrie. Hier werden jeweils mehrere Einsatzstoffe zu einem Endprodukt zusammengefügt. Die Kalkulationsaufgaben der Kostenrechnung sind im Vergleich zur analytischen Stoffverwertung grundsätzlich einfacher lösbar: Man hat (z. B. durch Stücklisten oder manuelle Aufzeichnungen) festzuhalten, welche Einsatzstoffe in welchem Umfang in ein Produkt eingehen. Operative Probleme entstehen in der Praxis allenfalls durch die z.T. extrem hohe Typenvielfalt und die häufigen Änderungen der Teile im Rahmen von Produktpflege.

Durchlaufende Stoffverwertung ist typisch für dienstleistungsnahe Produktionsprozesse, in denen an einem Objekt (z.B. einem Werkstück) bestimmte Verrichtungen durchgeführt werden. Beispiele sind etwa Veredelungsprozesse (z. B. Färben von Stoffen), Oberflächenbehandlungen (z. B. Galvanisieren, Lackieren, Härten) oder Reifeprozesse (Lagern von Wein, Käse u.a.m.). Wie unmittelbar einsichtig, treten bezüglich des Einsatzstoffes hier keine nennenswerten Kalkulationsprobleme auf[40].

Umgruppierende Stoffverwertung lässt sich schließlich als Kombination der analytischen und der synthetischen Prozessart verstehen. Sie tritt ebenfalls häufig bei rohstoffnahen Prozessen auf, wenn z. B. aus Eisenerz, Schrott und einigen Zusatzstoffen im Hochofen Roheisen, Schlacke und Gase erzeugt werden. Von den Kalkulationsproblemen entspricht die umgruppierende weitgehend der analytischen Stoffverwertung.

Die Einflüsse des vorherrschenden Prozesstyps i. e. S. auf die Kostenrechnung sind meines Wissens nach bisher empirisch nicht spezifisch untersucht worden. Näherungsweise

---

[39] Zur Kalkulation von Kuppelprodukten vgl. im Überblick z.B. Riebel (1996).
[40] Allerdings tritt häufiger der Fall auf, dass der sog. Objektfaktor nicht in der Kostenrechnung des (dienst-)leistenden Unternehmens erfasst wird, weil kein Eigentumsübergang stattfindet.

lässt sich ein derartiger Einfluss in Unternehmen unterschiedlicher Branchen erwarten (z. B. des Anlagen- und Fahrzeugbaus einerseits und der chemischen Industrie andererseits). In den beiden aktuellsten deutschen Studien[41] konnte ein solcher allerdings nicht festgestellt werden.

(2) Wiederholungsgrad

Wichtig für die Zurechnung von Kosten auf Leistungen ist auch die Frage, ob, wie und wie häufig sich die einzelnen nacheinander erstellten Leistungen voneinander unterscheiden. Im Grenzfall der Einzelfertigung ist jede Leistung ein Unikat, das gesondert kalkuliert werden muss. Dieser Fall ist z.B. für den Großanlagenbau typisch. Im entgegengesetzten Grenzfall der Massenfertigung wird dieselbe Leistung (fast) unbegrenzt wiederholt erbracht. Hier reicht es zumeist aus, eine große Zahl von Leistungseinheiten mit denselben, exemplarisch kalkulierten Kosten zu bewerten. Typischerweise ermittelt man hierzu mit Hilfe exakter Verbrauchsmengen- und Zeitstatistiken Standardwerte, die nur bei Änderungen im Produktionsablauf oder bei Produktvariationen aktualisiert werden. Die Kalkulationen erfolgen dann streng genommen nicht mehr auf der Basis von Istkosten, d. h. den tatsächlich bei jedem einzelnen Stück festgestellten Kosten, sondern auf Basis von Standardkosten.

Der Wiederholungsgrad der erbrachten Leistungen führt damit nicht zu einer Veränderung des Kalkulationsvorgehens, wohl aber zu einer solchen der Kalkulationshäufigkeit und des Kalkulationszeitpunkts[42]. Empirisch feststellbar ist dieser Einfluss in branchenbezogenen Unterschieden der Kostenrechnung, z.B. der Bauwirtschaft oder des Großanlagenbaus[43].

(3) Automatisierungsgrad

Der nächste potenzielle Kontextfaktor der Kostenrechnung, der Automatisierungsgrad der Leistungserstellung, weist Überschneidungen zu den vorab genannten Einflussgrößen „dominierende Produktionsfaktorart" (Dominanz von Anlagen) und „Wiederholungsgrad der Leistungserstellung" auf (zumeist[44] (Groß-)Serien- oder Massenproduktion). Dennoch besteht eine Eigenständigkeit des Einflusses, allerdings nicht bezogen auf die Ab-

---

[41] Vgl. Aust (1999), Frank (2000).
[42] Vgl. zur sog. „mitlaufenden Kalkulation" im Großanlagenbau z.B. Siepert (1992), S. 999-1006.
[43] Vgl. etwa den Übersichtsartikel von Siepert (1992).
[44] Im Rahmen der Bemühungen um eine computer-integrierte Produktion (CIM) in den 90er Jahren des letzten Jahrhunderts wurden allerdings auch Produktionsumgebungen geschaffen, die eine Fertigung in kleinen Losgrößen und damit eine hohe Variantenvielfalt wirtschaftlich werden ließen. Vgl. kurz Daube (1993), S. 85-88.

bildung, sondern auf die Verwendbarkeit der Informationen. Zwar steht diese erst im Abschnitt IV. im Fokus der Betrachtung; dort sind die Ausführungen allerdings grundsätzlicher Natur, so dass es hier gilt, den spezifischen Einfluss der Automatisierung zu diskutieren.

Der Grad der Automatisierung der Leistungserstellung wirkt sich stark auf die Festlegung der Kostenstruktur und der Kostenbeeinflussbarkeit aus. Im Grenzfall legen die Investitionen nicht nur die Kosten der bereitgestellten Kapazität (z. B. die Anschaffungskosten einer neuen Produktionsanlage), sondern auch sämtliche laufend innerhalb dieser Kapazitäten anfallenden Kosten fest. In der einschlägigen Literatur[45] finden sich Aussagen, dass mit der Entscheidung für eine automatisierte Produktionsanlage zwischen 75% und 90% aller laufenden Kosten (u. a. Material-, Energie-, Personal- und Instandhaltungskosten) (irreversibel) vordisponiert sind. Hieraus folgen (zumindest) zwei Konsequenzen.

Zum einen wird der Nutzen einer laufenden Planung und Kontrolle der Kosten derartiger Leistungserstellungsbereiche stark eingeschränkt. Das durch eine Kostenrechnung aufdeckbare Rationalisierungspotenzial konvergiert – pointiert ausgedrückt – gegen Null. Der Verantwortliche braucht nur wenige Kosteninformationen zur Steuerung seines Bereichs. Wesentliche Bedeutung erlangen für ihn vielmehr Leistungsdaten, die ihm laufend Auskunft über die bestimmungsgemäße Nutzung der Anlagen geben (z. B. Laufzeiten, Stillstandszeiten, Qualitätsdaten). Diese Erkenntnis legt es nahe, die Kostenrechnung in Umfang und Genauigkeit (erheblich) einzuschränken, dafür aber eine aussagefähige, differenzierte, nicht nur auf Kostenverrechnungsaufgaben ausgerichtete Leistungsrechnung zu implementieren[46].

Wenn zwischen 75% und 90% der laufenden Kosten durch Investitionsentscheidungen festgelegt werden, muss zum anderen die Forderung erhoben werden, im Rahmen des Entscheidungsprozesses die laufenden Kosten sehr präzise zu antizipieren. Handelt es sich um eine völlig neue Technologie, über deren Einführung befunden wird, kann die Kostenrechnung allerdings lediglich Bewertungsaufgaben übernehmen, d. h. die von den Technikern bestimmten Verbrauchsmengen mit Kosten versehen. Handelt es sich bei der neu installierten Investition dagegen um eine Technologie, die in gleicher oder ähnlicher Art schon im Unternehmen vorhanden ist, kann die Kostenrechnung eine weit bedeutsamere Rolle als Informationslieferant für Investitionsentscheidungen spielen.

---

[45] Vgl. z.B. Daube (1993), S. 5f.
[46] Vgl. bereits Weber (1985), S. 29f. Mittlerweile ist eine solche Sichtweise unter den Stichworten „Balanced Scorecard" und „Performance Measurement" intensiv diskutiert worden. Allerdings ist der soeben angesprochene Aspekt nur ein Grund für den Aufbau einer Leistungsrechnung. Weitere Gründe werden in dieser Untersuchung folgen.

Explizite empirische Belege für den Zusammenhang zwischen Automatisierungsgrad und Gestaltung der Kostenrechnung liegen meines Wissens nicht vor. Allenfalls kann man darauf verweisen, dass trotz durchweg zumindest in industrieller Produktion gestiegener Automatisierung inhaltlich über die letzten Jahrzehnte eine weitgehend unveränderte Kostenrechnungsgestaltung zu beobachten ist[47].

(4) Beherrschbarkeit

Unter dem Begriff der Beherrschbarkeit seien zwei Fragestellungen angesprochen, von denen ebenfalls ein potenzieller Einfluss auf die Gestaltung der Kostenrechnung ausgehen könnte: Zum einen geht es darum, wie hoch die Gelingensrate der Leistungserstellung ist. Zum anderen fällt unter Beherrschbarkeit die Frage, mit welcher Wahrscheinlichkeit das Gelingen des Produktionsprozesses prognostiziert werden kann. Das Spektrum reicht von der Fehlerfreiheit der Leistungserstellung bis zu hohen Ausschussraten einerseits und von Standard-Ausschussquoten bis hin zu erratischem Leistungserfolg andererseits.

Für die Kostenrechnung bereitet die Ausschussrate als solche kein Problem. Sie hat nur Einfluss auf die Verteilungsbasis der angefallenen Kosten. So erfasst man häufig Ausschuss zunächst als eigene Kostenart („Kosten für Ausschuss und Nacharbeit"), die dann auf die Gut-Leistungen weiterverrechnet werden. Treten dagegen starke Schwankungen des Leistungserfolgs auf, so resultieren hieraus sich verändernde Kalkulationswerte. Eine solche Schwankung widerspricht zum einen dem der Kostenrechnung zumeist innewohnenden Normalisierungsstreben. Im Grenzfall führt dies dazu, von einer Standardkalkulation gänzlich Abstand zu nehmen und einzelne Produktionseinheiten oder -chargen jeweils getrennt zu kalkulieren. Zum anderen werden nicht nur Kostenplanungen, sondern auch Kostenkontrollen und darin erfolgende Abweichungsanalysen erschwert, im Grenzfall verhindert.

Empirische Erkenntnisse zum Einfluss der Beherrschbarkeit der Produktion auf die Gestaltung der Kostenrechnung liegen meines Wissens nicht vor.

c) Ergebnisbezogene Merkmale

Nach den Ausführungen zu faktor- und prozessbezogenen Einflussgrößen auf die Gestaltung der Kostenrechnung soll in einem dritten Schritt – die abgebildete Produktionsfunktion abschließend – der erzeugte Output als potenzielle Determinante betrachtet werden. Neben den implizit schon bei den faktor- und prozessbezogenen Aussagen angesproche-

---

[47] Vgl. den Vergleich bei Frank (2000), S. 94-97.

nen Aspekten des Quantencharakters der Leistungen, ihrer Vielgestaltigkeit sowie der Regelmäßigkeit ihres Anfalls erweist sich insbesondere die Messbarkeit der erbrachten Leistungen als gestaltungsrelevant.

In der bisherigen Argumentation wurden mehrfach Fragen der Zuordenbarkeit von Kosten zu Leistungen angesprochen. Dabei erfolgte die implizite Unterstellung, dass sich Letztere hinreichend erfassen lassen. Eine solche Messbarkeit liegt allerdings für einen bestimmten Typus erbrachter Leistungen nur eingeschränkt oder gar nicht vor: Während Sachleistungen, die für einen wesentlichen Teil der „klassischen" Produktion eines Unternehmens typisch sind[48], prinzipiell ohne Probleme gewogen, gezählt oder auf andere Weise mengenmäßig festgehalten werden[49], entziehen sich Dienstleistungen – quasi definitionsgemäß – einer vollständigen Messung[50]. In der einschlägigen Literatur hat sich deshalb die Erkenntnis durchgesetzt, Dienstleistungen auf unterschiedlichen Ebenen präzisieren und messen zu müssen. Unter dem Stichwort „Dienstleistungsqualität" findet sich hierzu eine Strukturierung[51], die auch auf die Kostenrechnung übertragen wurde[52]:

- *Potenzialqualität*: „Mit ihr werden alle Fähigkeiten und Bereitschaften erfasst, die auf den Prozess der Leistungserstellung ... hin ausgerichtet sind"[53].

- *Prozessqualität*: In der Prozessqualität werden sämtliche Aspekte der angebotenen Dienstleistung berücksichtigt, die dem Prozess der Leistungserstellung zugeordnet werden können.

- *Ergebnisqualität*: Diese „bezieht sich auf die am Ende des Leistungserstellungsprozesses vorliegenden Leistungen bzw. Produkte sowie den Grad der Erreichung der Leistungsziele"[54].

Wie umfangreich diese unterschiedlichen Messebenen zu berücksichtigen sind, hängt vom Charakter der Dienstleistungen ab. Als Einflussgrößen sind insbesondere der Objektfaktor (Menschen oder Sachen) und der Kreativitätsgrad der Dienstleistung zu nennen.

---

[48] Auf diese hat sich die Kostenrechnung in der Vergangenheit auch konzentriert. Die spezifischen Bedingungen einer Dienstleistungsproduktion sind deutlich weniger umfangreich behandelt worden. Vgl. im Überblick z.B. Vikas (1993), auf ein Anwendungsobjekt bezogen Bertsch (1991).
[49] Einschränkungen bestehen allenfalls aus Erfassungskosten heraus, so dass zur Erfassung auch Näherungslösungen angewendet werden (z.B. Anwendung von statistischen Verfahren).
[50] Vgl. stellvertretend für die umfangreiche einschlägige Literatur Corsten (1997) und Engelhardt/Kleinaltenkamp/Reckenfelderbäumer (1993).
[51] Sie geht auf Donabedian (1980) zurück.
[52] Vgl. Aust (1999).
[53] Aust (1999), S. 90.
[54] Aust (1999), S. 91.

Bei Menschen als Objektfaktor besteht ein – zumeist bedeutsamer – Einfluss subjektiver Empfindung. Dies gilt bereits bei einfachen Dienstleistungen (wie z.b. einem Restaurant- oder Friseurbesuch). Merkmale der Potenzial- und Prozessqualität (Höflichkeit, Umgebung, angenehme Behandlung) sind dann ebenso relevant wie solche der Ergebnisebene („schöne Frisur"). Dieser Einfluss des Objektfaktors nimmt bei komplexen Dienstleistungen noch deutlich zu, da bei ihnen der Inhalt der zu erbringenden Dienstleistung weder im Detail klar noch unabhängig von den Einstellungen, Fähigkeiten und Präferenzen des Objektfaktors festzulegen ist. Ein gutes Beispiel hierfür sind etwa universitäre Bildungsleistungen, die – bei einem ähnlichen Ausbildungsinhalt – für eine akademische Erstausbildung deutlich anders zu gestalten sind als für ein Weiterbildungsstudium (Wissensvermittlung versus „Edutainment"). Sind Dienstleistungen an Sachen zu erbringen, fällt das Messproblem einfacher aus: Die Potenzial- und die Prozessebene können dann zumeist in Form von einzuhaltenden Nebenbedingungen behandelt werden. Soll z.B. eine Transportleistung gemessen werden, so spielt die Art des Transportmittels (z.B. altes oder neues Fahrzeug) und die Durchführung des Prozesses (z.B. Autobahn oder Landstraßentransport) so lange keine Rolle, wie das Transportgut unversehrt bleibt und der Transport innerhalb eines vorgegebenen Zeitrahmens erfolgt (z.B. Anlieferung am nächsten Tag). Auch die Ergebniskomponente lässt sich dann stark vereinfachen (z.B. Messung der Transportleistung mit der Messgröße Tonnenkilometer).

Stark kreative Dienstleistungen widersetzen sich einer Messung dagegen weitgehend. Für sie ist allenfalls die Potenzialebene bestimmt; erhebliche Unsicherheit besteht dagegen auf der Prozess- und der Ergebnisebene. Dienstleistungen dieser Art können zwar klassifiziert, aber kaum näher spezifiziert werden. Ein wichtiges Beispiel hierfür ist die auf den unterschiedlichen Führungsebenen zu erbringende Führungstätigkeit, vom Vorstand bis zum Kostenstellenleiter. Weitere – häufig angeführte – Beispiele finden sich im Marketing oder in der F&E. Vollzogene Produktplatzierungen oder Patente bilden nur sehr ausschnitthafte Messgrößen für die Leistung dieser Abteilungen.

Die Messbarkeit der erbrachten Leistungen besitzt Gestaltungsrelevanz für die Kostenrechnung, indem sie die Form und die Genauigkeit der Verrechnung zwischen Kostenstellen und zwischen Kostenstellen und Kostenträgern beeinflusst. Bei starken Problemen der Outputmessung lassen sich nur pauschale Zuordnungen der Kosten vornehmen. Ein besonders deutliches Beispiel hierfür ist die pauschale Behandlung von Verwaltungskosten im Abrechnungsgang der Vollkostenrechnung, die mittels eines Zuschlagssatzes auf die Herstellkosten angelastet werden. Ohne Zweifel besteht – auch bei Anwendung des Verursachungsprinzips – nur ein sehr vager Zusammenhang zwischen der bewerteten Produktionsleistung und dem Umfang hierfür erforderlicher Verwaltungstätigkeit. Die mangelnde Messbarkeit dieser Leistungen lässt aber keine bessere Verrechnung zu, die auch nur ähnlich einfach zu vollziehen ist.

Auch bei wenig kreativen und nicht an Menschen erbrachten Dienstleistungen fällt eine der Verrechnung von Sachleistungen entsprechende Behandlung in der Kostenrechnung schwer. Grund hierfür sind (deutlich) höhere Erfassungskosten. Nur dann, wenn die Dienstleistungen standardmäßig und in geringer Varietät erbracht werden, lohnt sich der Aufbau einer entsprechenden Leistungsrechnung, die dann eine leistungsentsprechende Kostenverrechnung ermöglicht[55]. Exakt hier sind auch die Beispiele zu verorten, die unter dem Stichwort der Prozesskostenrechnung diskutiert werden[56]. Ihre genauere Berücksichtigung führt zu einem besseren Einblick in die Kostenverursachung und lässt – plakativ formuliert – eine „hidden factory" sichtbar werden. Gleiches ist jedoch nicht nur im Produktions-, sondern auch im Vertriebsbereich zu erwarten.

Explizite empirische Belege, inwieweit die Messbarkeit des Leistungsergebnisses den Aufbau der Kostenrechnung bestimmt, liegen meines Wissens nicht vor. Obwohl als Forderung häufig artikuliert, ist innerhalb von Unternehmen keine Entwicklung zu erkennen, Dienstleistungen genauer als bisher zu behandeln: Trotz der exponierten Aufmerksamkeit, die die Prozesskostenrechnung über mehr als ein Jahrzehnt hinweg erfahren hat, wurde sie in der Praxis bis heute nicht systematisch in die laufende Kostenrechnung integriert[57]. Analoges gilt hinsichtlich einer Logistikkostenrechnung[58]. Ein signifikanter Gestaltungseinfluss kommt der Messbarkeit der Leistungen allerdings insofern zu, als hauptsächlich Dienstleistungen erbringende Unternehmen spezifische Ausgestaltungen der Kostenrechnung realisieren (z.B. Kostenrechnung von Banken, Handels- oder Verkehrsunternehmen).

2. Prozessmehrheiten

Die bisherigen Ausführungen bezogen sich jeweils auf einzelne Prozesse der Leistungserstellung. Nun wird der Blick ausgeweitet auf Eigenschaften der Leistungserstellung als Ganzes.

---

[55] Vgl. sehr ausführlich für die Logistik Weber (2002), S. 186-242. Allerdings wird die Sinnhaftigkeit einer Leistungsrechnung auch noch durch andere Aspekte als dem der Zulieferfunktion zur Kostenrechnung bestimmt. Vgl. Weber (2004), S. 231-233.
[56] Vgl. z.B. die Beispiele in Horváth & Partner (1998).
[57] Vgl. die empirischen Ergebnisse bei Homburg et al. (1998), S. 16, und Frank (2000), S. 95.
[58] Vgl. Weber/Blum (2001). Die in einer solchen Rechnung zu erfassenden material- und warenflussbezogenen Dienstleistungen machen einen großen Teil der in der Prozesskostenrechnung erfassten Prozessleistungen aus.

a) Vorherrschender Prozesszusammenhang

Begonnen sei mit dem Merkmal des Prozesszusammenhangs. Er wird zum einen – die Kostenträgerrechnung betreffend – bestimmt durch die produktbezogenen Prozessfolgen, die insbesondere in Form von Arbeitsgangplänen vorliegen. Einen vergleichbaren Zusammenhang gibt es zum anderen im Bereich der Kostenstellenrechnung in Form der Leistungsbeziehungen zwischen den Kostenstellen.

Nennenswerte Einflüsse auf die Gestaltung der Kostenrechnung ergeben sich (nur) im Bereich der Kostenstellenrechnung. Hier lassen sich zwei Grundformen des Leistungszusammenhangs unterscheiden:

- Der Fall einer einseitigen Leistungsbeziehung zwischen Kostenstellen entspricht der Leistungsfolge, wie sie im Arbeitsgangplan für die Produkte festgelegt ist. Kostenrechnerisch bereitet dieser Verflechtungstyp keine Probleme: Im ersten Schritt sind die Kosten pro Betreuungseinheit zu ermitteln. Im zweiten Schritt erfolgt eine Verrechnung dieser Kosten auf jede empfangende Kostenstelle.

- Kostenrechnerisch schwieriger wird es, wenn nicht nur ein Prozess Leistungen einseitig an einen anderen Prozess liefert, die bei diesem Produktionsfaktoren darstellen, sondern wenn diese Beziehung auch umgekehrt gilt (wechselseitige Leistungsverflechtung). Hier können die beteiligten Kostenstellen ihre Kostenverrechnung nicht isoliert voneinander lösen. Dieses Problem hat zu ganz unterschiedlichen Formen der Kostenverrechnung innerhalb der Kostenstellenrechnung geführt. Sie machen einen erheblichen Teil der Ausführungen zur Kostenstellenrechnung in den einschlägigen Lehrbüchern aus. Als für wechselseitige Leistungsverflechtungen geeignet werden das Gleichungs- und das Iterationsverfahren diskutiert.

Waren beide Verfahren auf Grund ihrer hohen Rechenintensität früher eher als theoretische Möglichkeiten einzuordnen, bilden sie heute auf Grund der leistungsfähigen DV-geführten Systemlösungen den Normalfall der Verrechnung. Damit geht vom Leistungszusammenhang her kein nennenswerter Einfluss mehr auf die Gestaltung der Kostenrechnung aus.

b) Prozesskomplexität

Das Konstrukt „Komplexität" bildet einen Standard-Kontextfaktor in kontingenztheoretischen Arbeiten. Untersucht wird zumeist die Wirkung externer Komplexität auf interne

Strukturen. Die Prozesskomplexität in dem in diesem Abschnitt verwendeten Sinn ist Bestandteil dieser internen Strukturen. Sie lässt sich konkretisieren als die Zahl und Verschiedenartigkeit der Prozesse und bezieht sich sowohl auf die Leistungserstellung als auch auf die Leistungsverwertung am Markt.

Für die Frage, wie sie sich auf die Gestaltung der Kostenrechnung auswirkt, bietet sich eine nahe liegende Antwort an: Je komplexer die Prozessstruktur ausfällt, desto komplexer wird auch die Kostenrechnung, die auf steigende Prozesskomplexität mit einer Erhöhung der Zahl von Kostenstellen, Kostenträgern und Verrechnungsbeziehungen antwortet. Diese Vermutung wird auch empirisch bestätigt, sowohl in größeren Unternehmen[59] als auch im Mittelstand[60].

In vielen empirischen Studien zur Kostenrechnung wird als „Proxigröße" für Komplexität die Unternehmensgröße (typischerweise gemessen als Mitarbeiterzahl) verwendet[61]. Sie besitzt in der Studie von *Aust* tatsächlich einen überragenden Einfluss auf die Komplexität der Kostenrechnung, dies sowohl von der Stärke als auch von der Signifikanz des Einflusses her[62]. Analoge Ergebnisse finden sich auch bei *Frank*, der einen Einfluss sowohl bei der Zahl der Kostenstellen als auch der Kostenarten zeigen kann; bei Kostenträgern besteht dagegen nur ein schwacher Zusammenhang[63]. Die Arbeit von *Hunold* kann eine Gültigkeit des Einflusses auch für Kommunen nachweisen. Insofern lässt sich die Unternehmensgröße als ein allgemein gültiger Einflussfaktor auf die Kostenrechnung ansehen[64].

c) Vorherrschende Organisation der Prozesse

In vielen empirischen Studien hat sich die Organisation des Unternehmens als ein wichtiger Einflussfaktor auf Informationssysteme erwiesen[65]. Entsprechendes ist auch für die Kostenrechnung zu erwarten. Im Kontext der Diskussion von Einflussfaktoren, die auf die Abbildung von Realprozessen gerichtet sind, bildet die Organisation quasi einen Sonderfaktor, da sie nicht exogen gegeben ist, sondern durch Führungsentscheidung gesetzt wird und damit eine gestaltbare Rahmenbedingung darstellt.

---

[59] Vgl. Aust (1999), S. 178.
[60] Vgl. Frank (2000), S. 123. Frank fasst dabei objektive und subjektive Komplexitätsgrößen (letztere als Komplexitätseinschätzung durch die Nutzer) in einem Konstrukt zusammen. In der Studie von Hunold werden beide Komplexitätskonstrukte getrennt und auf den Einfluss von User Know-how hin untersucht; es zeigt sich, dass Wissen des Nutzers negativ auf die wahrgenommene Komplexität der Kostenrechnung wirkt (Hunold (2003), S. 197f.).
[61] Vgl. Littkemann (1997), S. 862.
[62] Vgl. Aust (1999), S. 178.
[63] Vgl. Frank (2000), S. 125.
[64] Vgl. Hunold (2003), S. 156.
[65] Vgl. Aust (1999), S. 139 mit entsprechenden Literaturhinweisen.

Relevanz erlangt die Organisation insbesondere durch die Frage des Einflusses auf die Abbildbarkeit einer Produktionsfunktion. Bei der traditionellen funktionalen Spezialisierung gehen Organisation und Abbildungsaufgabe der Kostenrechnung Hand in Hand, da ein hoher Spezialisierungsgrad zugleich die Möglichkeit zur Bildung präziser Produktionsfunktionen bietet. Letztere wiederum ermöglichen exakte Kostenkalkulation und -verrechnung. Je mehr umgekehrt auf andere Prinzipien der Aufgabenzusammenfassung zurückgegriffen wird (z.B. nach räumlichen Aspekten gebildete Abteilungen), desto weniger gelingen die Formulierung einer Produktionsfunktion und damit zugleich auch eine leistungsentsprechende Verrechnung der Kosten. Pauschale Anlastungen bzw. Schlüsselungen sind die Folge.

Probleme treten insbesondere dann auf, wenn ein Unternehmen die im letzten Jahrzehnt – z.B. unter den Stichworten Flussorientierung oder Systems Reengineering – propagierten Ideen der Prozessorientierung auch organisatorisch umsetzen will, es also eine Prozessspezialisierung vornimmt. Dies bedeutet eine Zusammenfassung bzw. Reintegration mehrerer hochspezialisierter Produktionsschritte. Der Prozessorganisation geht es um Prozessketten, um das Vermeiden unnötiger Prozessschleifen, um die Verringerung der gesamten Prozesszeit in einer Kette, nicht um die weitere Optimierung von Einzelschritten. Job Enrichment, Job Enlargement, teambezogenes Arbeiten sind einige der damit verbundenen organisatorischen Stichworte[66].

Auf eine derartige Organisation der Produktionsprozesse ist die Kostenrechnung nicht ausgerichtet. Die ihr innewohnende Kostenstellenstruktur und die von ihr genutzten Verrechnungsverfahren rekurrieren implizit auf eine funktionsspezialisierte Organisation der Produktion. Wenn in einer Produktionsabteilung diverse Arbeitsschritte parallel von unterschiedlichen Mitarbeitern in z.T. unterschiedlicher Reihenfolge vollzogen werden, kann die Kostenrechnung letztlich nur die Gesamtkosten dieser Abteilung der gesamten Arbeitsleistung gegenüberstellen. Produktkalkulationen werden damit im Ist ebenso stark eingeschränkt wie die Möglichkeiten einer detaillierten Abweichungsanalyse. Je mehr prozessorientierte Organisationsformen Platz greifen, desto stärker wird das Instrument Kostenrechnung in ihrer Aussagefähigkeit eingeschränkt.

Empirische Studien, die diesen Zusammenhang belegen, liegen meines Wissens bislang nicht vor.

---

[66] Vgl. hierzu z.B. den Überblickbeitrag von Gaitanides (1996).

3. Fazit

Kostenrechnung wäre den voranstehenden Ausführungen zufolge in vielerlei Hinsicht an die Ausprägung und Struktur der Realprozesse im Unternehmen anzupassen. Die Unterschiedlichkeit der Einflüsse erfordert ein erhebliches Know-how, um die Gestaltung adäquat zu vollziehen. Ob die Praxis diese Aufgabenstellung hinreichend löst, vermögen die vorliegenden empirischen Erhebungen nicht abschließend zu beantworten. Abgesehen davon, dass bislang nur wenige Studien vorliegen, sind diese in ihrem Auflösungsgrad zumeist viel zu pauschal, um die ausgeführte Vielgestaltigkeit einfangen zu können. Allerdings finden sich Hinweise darauf, dass die zu fordernde Anpassung in der Praxis nur in engen Grenzen erfolgt: „Die Ergebnisse aus Regressionsanalysen belegen deutlich, dass die Gestaltung der Kostenrechnung im Wesentlichen eigenzentriert erfolgt, d.h. die Gestaltungsparameter Komplexität und Dynamik nur eingeschränkt an die Kontextfaktoren angepasst werden"[67].

Die *Abbildung 2* fasst die Ergebnisse der Analyse kurz zusammen.

---

[67] Frank (2000), S. 131.

Einflussfaktor	Hauptsächlich beeinflusster Aspekt der Kostenrechnung	Wirkungsrichtung und -umfang	Empirische Validierung
Vorherrschender Produktionsfaktor	Kostenstellen- und Kostenträgerrechnung	Kostenstellenrechnung: Bestimmung der Kostenfunktionen in den Kostenstellen (Schwierigkeiten bei menschenbestimmter Produktion) Kostenträgerrechnung: Wahl des Kalkulationsverfahrens	Kein spezifischer Beleg
Quantencharakter der Produktionsfaktoren	Zurechnungsprinzipien, Kostenspaltung	Zurechnungsprinzipien: Unterschiedliche Behandlung der Kosten von Potenzialfaktoren Kostenspaltung: Zuordnung von durch Potenzialfaktoren ausgelösten Kosten zu den Kategorien fix und variabel	Kein spezifischer Beleg
Prozesstyp	Kostenträgerrechnung	Kalkulationsverfahren (z.B. Kuppelproduktion)	Kein spezifischer Beleg
Wiederholungsgrad der Prozesse	Kostenerfassung	Einzelerfassung versus Standardbildung	Kein spezifischer Beleg
Automatisierungsgrad der Prozesse	Beeinflussbarkeit der Kosten	Geringe Bedeutung von laufender(m) Kostenerfassung und -ausweis bei hoher investiver Festlegung der Kosten	Kein spezifischer Beleg
Beherrschbarkeit der Prozesse	Kostenstellen- und Kostenträgerrechnung	Kostenstellenrechnung: (Un-)Möglichkeit der Bildung von Kostenfunktionen Kostenträgerrechnung: Einzelerfassung versus Standardbildung	Kein spezifischer Beleg
Art des Prozessoutputs	Kostenstellen- und Kostenträgerrechnung	Erfassungsprobleme bei Dienstleistungen als Prozessoutput; Notwendigkeit sehr pauschaler Kostenallokationen bei nicht-repetitiven Dienstleistungen	Kein spezifischer Beleg
Vorherrschender Prozesszusammenhang	Kostenstellenrechnung	Spezifische Verfahren innerbetrieblicher Leistungsverrechnung bei wechselseitiger Verflechtung	Kein spezifischer Beleg
Prozesskomplexität	Kostenstellenrechnung	Direkter Einfluss auf die Komplexität der Kostenrechnung	Spezifische Belege für die Proxigröße „Unternehmensgröße"
Organisation der Prozesse	Kostenstellenrechnung	Möglichkeit der Bildung von Produktionsfaktoren (bei Prozessorganisation stark eingeschränkt)	Kein spezifischer Beleg

Abb. 2: Überblick über die aus den Merkmalen der abzubildenden Prozesse resultierenden Einflussfaktoren auf die Gestaltung der Kostenrechnung

III. Merkmale der Prozessabbildung

Sieht man die Kostenrechnung als ein Informationssystem, das Realprozesse abbildet, also Messvorgänge vollzieht, kann nicht nur die Frage gestellt werden, *was* gemessen und gespeichert wird, sondern auch *wie* dies erfolgt. Eine Beantwortung dieser Frage lässt sich in drei Aspekte differenzieren.

1. Messeigenschaften

In der Kostenrechnungsliteratur findet sich – allerdings zumeist verstreut – eine Reihe von Kriterien als Anforderungen an Kostenrechnungssysteme angeführt, die unter den Begriff der Messeigenschaft eingeordnet werden können[68]:

- *Vollständigkeit*: Die Kostenrechnung soll – als laufendes Informationssystem gestaltet – alle im Unternehmen anfallenden Kosten erfassen. Besondere Gestaltungseinflüsse gehen von diesem – wohl durchweg erfüllten[69] – Merkmal nicht aus.

- *Aktualität*: Hierunter wird erfasst, wie viel Zeit zwischen der Verfügbarkeit von Kosteninformationen für Auswertungszwecke und ihrer Erfassung verstreicht. Enthalten ist die Zeit zwischen der Erfassung der Rohdaten und der Erfassung im Kostenrechnungssystem. Wie aktuell Informationen der Kostenrechnung sein sollten, ist in der einschlägigen Literatur intensiv diskutiert worden. In den – lange zurückliegenden[70] – Jahren manueller Durchführung der Kostenrechnung stellte sich die Frage bezüglich der Auswertungszyklen (jährliche oder auch kürzerfristige – z.B. quartalsmäßige – Auswertungen). Später ging es um die Frage, ob statt einer monatlichen Berichterstattung ein Bedarf an einer realtime-Informationsbereitstellung besteht[71]. Die Konsequenzen für die Kostenrechnungstechnologie liegen auf der Hand. Eine damit eng verbundene Fragestellung lautet, wann die Daten jeweils nach dem betreffenden „Berichtstermin" (z.B. nach Monatsultimo) vorliegen sollen. Hiermit wird auf die Tatsache abgezielt, dass die Erfassung der Kostenarten und -beträge unterschiedlich lange Zeit in Anspruch nehmen kann[72]. Implikationen betreffen insbesondere die Ausgestaltung entsprechender Erfassungssysteme.

Wie hoch der Aktualitätsgrad sein soll, muss durch die Nutzer entschieden werden; hiermit sind die später noch zu diskutierenden Rechnungszwecke adressiert. Die Konsequenzen für die Kostenrechnung sind – wie angesprochen – insbesondere technologischer Art; hiervon und von der Frage der Häufigkeit der Messung und/oder der Auswertung der erfassten Werte geht ein erheblicher Einfluss auf die Kosten des Kostenrechnungssystems aus.

---

[68] Vgl. auch den Überblick bei Weber et al. (2000), S. 14-16.
[69] Dies schon deshalb, weil die Kostenrechnung datentechnisch auf engste Weise mit der Finanzbuchhaltung verknüpft ist.
[70] Vgl. beispielsweise die Angaben bei Weber (1993), S. 263.
[71] Vgl. schon Knoop (1986).
[72] So zeigte sich in einem Benchmarkingprojekt, dass insbesondere die genaue Erfassung der Personalkosten längere Zeit in Anspruch nimmt und somit einige Unternehmen den Weg wählen, das Berichtswesen mit geschätzten Werten statt mit Ist-Werten zu versorgen. Vgl. Weber/Weißenberger/Aust (1998), S. 389.

- *Genauigkeit*: Auch diese Messeigenschaft ist in der einschlägigen Literatur standardmäßig ausführlich thematisiert. Die Diskussion des Trade-offs zwischen Genauigkeit und Kosten der Kostenrechnung fehlt in keinem Kostenrechnungslehrbuch. Die Genauigkeit wird dabei insbesondere in der Datenerfassung festgelegt: Wenn z.B. aus Kostengründen ein separater Stromzähler nur für eine Fertigungshalle insgesamt, nicht für jede einzelne dort installierte Maschine vorhanden ist, lassen sich Stromkosten dieser Kostenstellen oder Kostenplätze nur auf Basis von Verbrauchsannahmen (z.B. nach installierten kW) ermitteln. Mangelnde Erfassungsgenauigkeit ist auch ein zentraler Grund für die Verwendung von Schlüsseln zur Kostenverrechnung zwischen Kostenstellen anstelle von leistungsentsprechenden Verrechnungssätzen.

  Hohe Genauigkeit impliziert hohe Kosten der Kostenrechnung nicht nur in statischer, sondern auch in dynamischer Perspektive: Häufigen Veränderungen zu folgen, erweist sich umso schwieriger, je höher die Anforderungen an die Genauigkeit sind. Eine hohe Genauigkeit kann schließlich auch zu einer höheren Komplexität der Kostenrechnung führen, die sich wiederum negativ auf die Überschaubarkeit durch den Nutzer der Kostenrechnungsinformationen auswirkt[73].

- *Detaillierung*: Für die Messeigenschaft der Detaillierung ist ähnlich zu argumentieren. Höhere Detaillierung führt zu höheren Erfassungs- und Verarbeitungskosten einerseits und – stärker noch als die Einflussgröße Genauigkeit – zu höherer Komplexität der Kostenrechnung andererseits. „Klassisches" Beispiel für den Trade off ist die Frage, ob bei inhomogener Produktion innerhalb einer Kostenstelle gesonderte Kostenplätze eingerichtet werden sollen (z.B. zur kostenmäßigen Trennung von Rüst- und Produktionsvorgängen).

- *Objektivität*: Die letzte hier anzusprechende Messeigenschaft spielt ebenfalls in der einschlägigen Literatur eine wesentliche Rolle, auch wenn sie sich in den deutschsprachigen Kostenrechnungslehrbüchern nur selten als Stichwort findet[74]. Objektivität gilt gleichsam als selbstverständliche Eigenschaft der Kostenrechnung. Die Erfassung soll frei sein von subjektiven Einflüssen einzelner Kostenrechner, sei es, dass diese spezifischen, nicht in der Fach-Community geteilten Erfassungs- oder Verrechnungsauffassungen folgen, sei es, dass die Werte bewusst manipuliert oder gefälscht werden. Letztere Möglichkeit ist in der Literatur zur Kostenrechnung allerdings kaum diskutiert worden, ganz im Gegensatz zur externen Rechnungslegung.

---

[73] Die Konsequenzen einer mangelnden Überschaubarkeit werden noch mehrfach in dieser Untersuchung diskutiert.

[74] Vgl. als eine – allerdings bereits ältere – umfassendere spezifische Diskussion Hummel (1970), S. 99-102.

Ob eine Kostenrechnung das Kriterium der Objektivität erfüllt, lässt sich für den Nutzer kaum erkennen. Er vermag auch nicht auf Prüfergebnisse neutraler Dritter zurückzugreifen, wie dies etwa für die externe Rechnungslegung zutrifft (Prüfungstestat des Wirtschaftsprüfers). Letztlich bleibt nur das Vertrauen in die fachlichen Fähigkeiten der Kostenrechner und die Einschätzung, dass sie keine signifikanten opportunistischen Verhaltensweisen an den Tag legen[75].

Von den Messeigenschaften gehen – wie gezeigt – in toto betrachtet erhebliche Einflüsse auf die Gestaltung der Kostenrechnung aus. Für die konkrete Anwendung dieser allgemeinen Erkenntnis stellen sich in der Praxis allerdings erhebliche Schwierigkeiten ein. Diese liegen schon auf der Kostenseite: Wie viel Kosten von höherer Detaillierung, Genauigkeit oder Aktualität wirklich ausgelöst werden, ist in den seltensten Fällen bekannt, mangelt es doch schon allgemein an Kenntnis der Kosten der Kostenrechnung[76]. Noch schwieriger fällt es, den jeweiligen Nutzen zu messen. Dieser hängt zudem von der konkreten Ausprägung der Rechnungszwecke ab, die später noch genauer analysiert werden. Insofern sind die geschilderten Trade-offs mehr eine ökonomische Denkfigur als eine konkrete Berechnungsvorschrift.

Spezifische empirische Belege liegen meines Wissens nicht vor.

2. Messgüte

In empirischen Wissenschaften bildet die Betrachtung der Messgüte eine zentrale, herausgehobene Fragestellung; als Basismerkmale werden die bereits an früherer Stelle dieser Untersuchung angesprochenen Größen Reliabilität und die Validität einer Messung unterschieden. Beide Begriffe sind in der Kostenrechnungsdiskussion allerdings weitestgehend unbekannt.

- *Reliabilität*: Unter Reliabilität wird die formale Genauigkeit einer Messung verstanden[77]. Dies ist gleichbedeutend mit der Freiheit einer Messung bzw. Messgröße von Messfehlern. „Reliabilität manifestiert sich also darin, dass bei Wiederholung der Messung unter gleichen Rahmenbedingungen auch das gleiche Messergebnis erzielt wird"[78]. Im Kontext der Kostenrechnung findet sich dieser Aspekt wenig diskutiert; vermutlich wird von der Annahme ausgegangen, Reliabilität sei weitestgehend gegeben. Insofern fehlt eine Auseinandersetzung mit der Qualität

---

[75] Unter solchen könnte man sich z.B. die bewusste Verzerrung von Schlüsseln zur Belastung „ungeliebter" Kostenstellen(verantwortlicher) vorstellen.
[76] Vgl. im Überblick Toffel (2002).
[77] Vgl. Berekoven/Eckert/Ellenrieder (1996), S. 87.
[78] Homburg/Krohmer (2003), S. 223.

von Kostenrechnungssystemen in der einschlägigen Literatur ebenso[79], wie in der Praxis keine systematische Prüfung der internen Rechnungslegung erfolgt. Gestaltungsrelevanz besitzt die Reliabilität zum einen hinsichtlich der Kosten der Erfassungsvorgänge. Erhöhungen der Messgüte (z.B. durch eine Steigerung des Stichprobenumfangs bei Multimoment-Studien oder durch das Vornehmen von Kontrollmessungen) haben eine Erhöhung der Erfassungskosten zur Folge. Zum anderen ist zu beachten, dass die allgemeine Definition von Reliabilität (Freiheit von Zufallsfehlern) im Kontext der Kostenerfassung zu erweitern ist: Reliabilitätsprobleme können hier nicht nur durch Zufallsfehler, sondern auch durch bewusste Manipulation der erfassten Daten entstehen. Dies ist dann relevant, wenn die Datenbasis durch Selbstaufschreibung gewonnen wird[80], wie dies häufig bei der Prozesskostenrechnung der Fall ist; der zu erreichende Reliabilitätsgrad nimmt dann Einfluss auf die Detaillierung der Erfassung und auf die Auswertung ihrer Daten. Maschinendominierte Leistungserstellung bietet dagegen Reliabilitätsdefekten wenig Spielraum.

- *Validität*: „**Validität** oder Gültigkeit eines Messverfahrens ist gegeben, sofern es gelingt, den eigentlich interessierenden Sachverhalt tatsächlich zu erfassen, also genau das zu messen, was man messen möchte. Anders ausgedrückt ist ein Messinstrument dann valide, wenn es über die Eigenschaft der Reliabilität hinaus **frei von systematischen Fehlern** ist"[81]. Als *Inhaltsvalidität* wird dabei der Grad bezeichnet, zu dem die Variablen eines Messmodells (z.B. kalkulatorische Abschreibungen) dem inhaltlich-semantischen Bereich eines Konstrukts (Werteverzehr eines Potenzialfaktors) angehören und dabei alle Bedeutungsinhalte und Facetten des Konstrukts abbilden[82]. Mit der *Konstruktvalidität* werden dagegen die Beziehungen zwischen dem Konstrukt und dem Messinstrument beschrieben, z.B. die Frage beantwortet, ob die gemessenen Indikatoren in unterschiedlichen Messungen das Konstrukt in gleicher Weise abdecken[83].

Ähnlich wie Reliabilität findet sich auch Validität in den Stichwortverzeichnissen der Standardlehrbücher nicht. Allerdings kann die insbesondere in den 50er und 60er Jahren des letzten Jahrhunderts intensiv geführte Diskussion der grundsätzlichen Konstrukte der Kostenrechnung mit dem Merkmal der Inhaltsvalidität verbunden werden, so das Ringen um die Frage, was Kosten sind (z.B. Messung über Zahlungsgrößen, Zulässigkeit abstrakter Nutzengrößen), wie sie objektbezogen zu

---

[79] Vgl. als eine Ausnahme Weber et al. (2000).
[80] Auf die Möglichkeit, dass der Kostenrechner solche Manipulationen vornimmt, wurde weiter oben bereits eingegangen. Sie wird in der einschlägigen Literatur kaum thematisiert. Dies gilt auch für das Rechnungswesen insgesamt. Vgl. als eine Ausnahme Weißenberger (1997).
[81] Homburg/Krohmer (2003), S. 223 (Hervorhebungen im Original).
[82] Vgl. Homburg/Giering (1996), S. 7.
[83] Diese Eigenschaft wird als Konvergenzvalidität bezeichnet.

messen sind (Zurechenbarkeit) und welches Verhalten sie bezogen auf Zurechnungsobjekte aufweisen (Variabilität). Der Versuch, hierfür allgemeingültige Anforderungen zu formulieren, muss als misslungen eingeschätzt werden. Was Kosten sind, wie sie zugerechnet werden können und wie sie sich wann verändern, ist nur dann möglich, wenn festgelegt wurde, wofür die erfassten Informationen genau benötigt werden. Unterschiedliche Rechnungszwecke und Nutzungsarten verlangen unterschiedliche Kostenwerte[84].

Empirische Erkenntnisse zum Einfluss der Reliabilität auf die Gestaltung der Kostenrechnung liegen meines Wissens nicht vor. Für die Validität könnte man auf die Beziehungen zwischen Rechnungszwecken und Rechnungssystemen rekurrieren. Entsprechende Hinweise finden sich im Abschnitt IV.

3. Messprozesse und -potenziale

Unter dem Begriff „Messprozesse und -potenziale" seien Einflussfaktoren auf die Gestaltung der Kostenrechnung diskutiert, die zur (Informations-)Leistungserstellung der Kostenrechnung eingesetzten Produktionsfaktoren und -prozesse betreffen. Hierunter sind in erster Linie die verwendete DV-Unterstützung, daneben auch die „Kostenrechner" zu nennen[85].

Kostenrechnung ist ein Massendatengeschäft. Insofern verwundert es nicht, dass sie zu den ersten Anwendungen betrieblicher Datenverarbeitung zählte. Auf die praktische Ausgestaltung der Kostenrechnung hat die DV folglich einen zentralen Einfluss genommen; ihre technologische Entwicklung prägte die Kostenrechnung zumindest in den 80erJahren bis in die heutige Zeit hinein[86]. Veränderungen der DV besaßen den bei weitem größten Einfluss auf die Veränderung der Kostenrechnung. Der Übergang von eigenprogrammierter zu Standardsoftware ist heute weitgehend abgeschlossen; aktueller Veränderungsbedarf resultiert aus Releasewechseln der Standardsoftware. Neue technologische Möglichkeiten – insbesondere die Datenbankorientierung – führten zur praktischen Anwendbarkeit komplexerer Kostenrechnungskonzepte; insbesondere konnten Elemente des *Riebel'* schen Rechnungskonzepts realisiert werden[87]. Grundsätzliche konzeptionelle

---

[84] Hierzu sei auf die umfangreiche Diskussion im 4. Kapitel dieser Untersuchung verwiesen.
[85] Zumeist findet sich dieser Personenkreis in Controlling-Abteilungen. Allerdings gibt es auch eine Reihe von Unternehmen, die gesonderte Kostenrechnungsabteilungen neben den Controllern besitzen.
[86] Vgl. exemplarisch die Belege bei Weber (1993b), S. 263.
[87] Vgl. Riebel/Sinzig/Heesch (1992).

Veränderungen erfolgten allerdings nur selten[88]. Positiv auf die Qualität der Kostenrechnung wirkte die Erhöhung von Umfang, Detaillierung, Aktualität und Qualität der technischen Vorsysteme[89]. Auch aktuell gehen noch erhebliche Einflüsse von der Kostenrechnungssoftware auf die Kostenrechnungsgestaltung aus. So stehen Unternehmen vor der Frage, ob sie Anforderungen, die nicht durch den Standard abgedeckt werden, wirklich – z.B. durch Schnittstellenprogramme – weiter berücksichtigen oder nicht besser die Struktur an das Programm anpassen sollten[90]. Der Einfluss der DV auf die Gestaltung der Kostenrechnung ist sehr umfangreich diskutiert worden[91], so dass an dieser Stelle keine weiteren Ausführungen erforderlich sind.

Der Einfluss der Kostenrechner, ihre Zahl, Ausbildung und Eignung, auf die Kostenrechnung wird in der einschlägigen Literatur dagegen so gut wie überhaupt nicht diskutiert. Implizit wird damit unterstellt, dass hier weder ein Engpass vorliegt, noch ein nennenswerter aktiver Gestaltungsspielraum besteht, der durch unterschiedliche Personen unterschiedlich genutzt werden kann[92]. In einer dienstleistungsorientierten Perspektive der Kostenrechnung ist der mögliche Einfluss der Kostenrechner als Teil der Potenzialqualität der Kostenrechnung zu verorten[93]. Dieser Weg wird konkret von *Aust* und *Hunold* gegangen. In beiden empirischen Studien liefert der Aspekt der fachlichen Eignung der Kostenrechner keinen wesentlichen Erklärungsbeitrag zum Konstrukt der Potenzialqualität[94], im Gegensatz zu der technischen sowie der personellen Ausstattung. *Hunold* kann aber dennoch einen signifikant positiven Einfluss einer hohen Qualifikation des Kostenrechners auf die vom Nutzer der Kostenrechnungsinformationen wahrgenommene Dienstleistungsqualität feststellen. Dabei tritt dieser Einfluss vor allem im Anfangsstadium der Kostenrechung auf. „Zu diesem Zeitpunkt macht sich die Kompetenz der Kostenrechnung besonders bemerkbar, da das Informationssystem noch zu großen Teilen gestaltbar ist"[95].

---

[88] Vgl. Weber (1993b), S. 275.
[89] Dieser Effekt ist aktuell noch im Mittelstand zu beobachten, in dem die Kostenrechnungsdurchdringung noch hinter der von Großunternehmen zurückbleibt. Vgl. Weber/Reitmeyer/Frank (2000), S. 241.
[90] Derartige Sonderlösungen erweisen sich bei jedem Releasewechsel als ein wesentliches Problem. Bei der Anpassung der Realität an das Messinstrument liegt allerdings ein signifikanter Verstoß gegen das anfangs angesprochene Postulat der Beobachterunabhängigkeit der Messung vor.
[91] Vgl. etwa die Vielzahl von konzeptionellen Beiträgen, softwarebezogenen Ausführungen und Anwenderberichten in der Krp in den 80er und 90er Jahren.
[92] Vgl. zur Diskussion eines „role taking" versus „role making" bezogen auf Controller Kronast (1989), S. 195ff., und Weber/David/Prenzler (2001), S. 7-18.
[93] Vgl. zu den unterschiedlichen Ebenen der Dienstleistungsqualität nochmals den Abschnitt II. im dritten Kapitel dieser Untersuchung.
[94] Vgl. Aust (1999), S. 106, und Hunold (2003), S. 168.
[95] Hunold (2003), S. 202.

IV. Veränderung der Prozessmerkmale

In den einschlägigen Lehrbüchern finden sich Aussagen zur Veränderung der Prozessmerkmale und deren Bewältigung in der Kostenrechnung so gut wie nicht[96]. Einflüsse auf Messeigenschaften und Messgüte werden ebenso wenig thematisiert wie solche auf die Kostenrechner sowie die Nutzer der Kostenrechnungsinformationen[97]. Entsprechende Ausführungen finden sich nur in empirischen Arbeiten, auf die am Ende dieses Abschnitts noch eingegangen wird.

1. Konzeptionelle Analyse

a) Konsequenzen aus einer Veränderung der Realprozesse

Der Bedarf einer hohen Reaktions- und Anpassungsfähigkeit der Leistungserstellung als Wirkung externer Dynamik stellt entsprechende Anforderungen an die Ausgestaltung der Realprozesse. Für kurzfristige Änderungen in der Zusammensetzung des Produktions- und Absatzprogramms heißt dies z.B., dass durch hohe Einsatzflexibilität der Potenziale Anlagen und Menschen sowie flexibilitätserzeugende einfachste Steuerungsregeln weder Neuplanungen noch geänderte organisatorische Abläufe erforderlich sind, um Anpassungen vorzunehmen. In der Unternehmenspraxis findet man solche Verhältnisse innerhalb von „schlanken Produktionskonzepten" verwirklicht[98].

Fragt man nach der Notwendigkeit bzw. Sinnhaftigkeit von Kosteninformationen für die Funktionsfähigkeit derartiger Dynamik kompensierender Ausgestaltungen der Realprozesse, so ergeben sich im Vergleich zum Status Quo klassischer funktionsspezialisierter Produktionskonzepte deutliche Veränderungen:

- Verfahrenswahl- und Ablaufplanungsentscheidungen müssen nicht getroffen werden. Sie sind entweder durch Verzicht auf Alternativen beseitigt oder durch feste Regeln substituiert (wie z.B. im Falle einer Kanban-Steuerung). Entsprechender Bedarf an Kostenrechnungsinformationen besteht nicht.

- Detaillierte Produktions- und Kostenfunktionen können nicht ermittelt werden, da keine Ablaufstabilität herrscht.

---

[96] Die hieraus vermutbare implizite Unterstellung weitgehender Konstanz oder leichter Beherrschbarkeit von Änderungen lässt sich durch einen Blick in die Praxis nicht bestätigen. Bereits die umfangreichen Merger & Akquisition-Prozesse und die häufigen Restrukturierungen deuten eher darauf hin, dass ein erheblicher Änderungsbedarf derzeit ein Kernproblem in vielen Unternehmen darstellt. Dies führt dazu, dass die Controller gerade nicht die Datenkonsistenz gewährleisten können, allerdings für eine inhaltliche Arbeit mit den Kosteninformationen kaum noch Zeit finden. Repräsentative empirische Erhebungen hierfür liegen allerdings derzeit meines Wissens nicht vor.

[97] Etwa in Hinblick auf deren Fähigkeiten, den Veränderungsumfang zeitgerecht zu erledigen, bzw. trotz ständiger Veränderungen die Kosteninformationen hinreichend zu verstehen.

[98] Vgl. die Merkmale von derartigen Ansätzen bei Pfeiffer/Weiß (1996).

- Beeinträchtigungen der Funktionsfähigkeit des Produktionssystems müssen unmittelbar, zeitgleich erkannt werden. Der Umweg über Kostenabweichungen am Monatsende ist angesichts hoher Flexibilitätsanforderungen nicht gangbar. Mengen-, Zeit- und Qualitätsinformationen ersetzen Kosteninformationen.

Der Nutzen traditioneller Kostenrechnung ist in derartigen Umgebungen folglich sehr gering. Kosteninformationen für Entscheidungen im Rahmen der gegebenen Struktur werden nicht benötigt. Für Kostenkontrollen reichen globale Werte aus (z.B. Angabe der für einen Fertigungsbereich innerhalb eines Monats insgesamt angefallenen Kosten). Detaillierte Nachkalkulationen sind nicht möglich, da keine entsprechend genaue Auftragsverfolgung erfolgt. Eine laufende Kostenrechnung üblicher Form für derartige Leistungserstellungsumgebungen macht folglich wenig Sinn. Es gilt, eine Rückführung von Genauigkeit und Differenzierung zu realisieren.

Weitere Argumente für eine solche Rückführung lassen sich aus der Betrachtung der Steuerungsnotwendigkeiten und -wirkungen in derartigen Kontexten gewinnen:

- Schnelle Reaktionen sind gefragt. Es macht wenig Sinn, über gestiegene Qualitätskosten zehn Tage nach Monatsultimo im Kostenstellenbericht informiert zu werden, wenn kurzfristig wirksame Maßnahmen ergriffen werden können, die die Qualitätsprobleme gleich bei ihrem Entstehen beseitigen. Zu spät berichtete Kostenabweichungen wirken dann eher als Repressionsinstrument.
- Minderleistungen von Mitarbeitern lassen sich nicht mehr als Kostenüberschreitungen am Monatsende rekonstruieren. Die Kostenfunktion, die jedem einen festen Platz im Produktionsprozess zuwies, wurde ersetzt durch globale, gruppenbezogene Zusammenhänge[99]. Sie bilden das Geschehen innerhalb der Arbeitsgruppen nicht mehr ab. Anreize für rollenkonformes Verhalten innerhalb der Gruppenarbeit müssen folglich sehr prozessnah sein. Wenn formalisiert, wird es sich bei ihnen um Mengen-, Zeit- und Qualitätsgrößen, nicht um Kosten handeln. Zudem nimmt die Bedeutung situativer Kommunikation als Ersatz formaler Information erheblich zu.

Folglich beschränkt sich die Eignung von laufend bereitgestellten Kosteninformationen auf wenig differenzierte Gesamtaussagen: Die Dokumentation der insgesamt von einer Gruppe verursachten Kosten macht als Beleg der Richtigkeit des Gruppenhandelns Sinn. Sie liefert die Bestätigung, dass die Gruppe nicht nur die in sie gesetzten Leistungs-, son-

---

[99] Vgl. auch den Abschnitt zur Prozessorganisation.

dern auch die Kostenerwartungen (nicht) erfüllt hat. Im Vergleich zum Status Quo bedeutet dieser Verhaltensanreiz die Möglichkeit zu einer deutlichen Entfeinerung der Kostenrechnung[100].

b) Konsequenzen aus dem Veränderungsbedarf der Kostenrechnung

Entfeinerungstendenzen ergeben sich auch aus dem unmittelbaren Einfluss von Veränderungen auf die Kostenrechnung selbst, sei es hinsichtlich der zu Grunde liegenden Basisdaten (z.B. Mengen- und Zeitansätze), der Kostenarten (etwa durch die Veränderung von Wertansätzen), Kostenstellen (z.B. durch eine Reorganisation) und Kostenträger (etwa bei Veränderungen des Produktions- und Absatzprogramms) oder hinsichtlich der Verrechnungsstrukturen (z.B. bei Veränderungen des Fertigungsflusses). Ein hoher Veränderungsgrad wirkt sich in zweifacher Hinsicht negativ auf die Kostenrechnung aus:

- Zum einen kosten ständige Anpassungen Geld. Je mehr sich das Verhältnis aus Anpassungszeit und Gültigkeitsdauer der angepassten Unternehmensstruktur erhöht, desto unwirtschaftlicher wird eine laufende Kostenrechnung. In dieselbe Richtung weisen auftretende Qualitätsprobleme der nicht mehr in ausreichendem Maße an Veränderungen angepassten Kostenrechnung, die zu Fehlentscheidungen führen können[101].

- Zum anderen gelingt es der Kostenrechnung bei hoher Veränderungsrate immer weniger, eine tragfähige Erfahrungsbasis aufzubauen. Eine geringere „Standzeit" realisierter Konzepte lässt den Wert der durch die Kostenrechnung gelieferten Informationen als Erfahrungsbasis sinken. Eine Vergangenheit genau zu kennen, die obsolet geworden ist, macht keinen Sinn.

Damit liefert die konzeptionelle Analyse übereinstimmend das Ergebnis eines negativen Einflusses der Umweltdynamik auf die Komplexität der Kostenrechnung. Hohe Veränderungsgeschwindigkeit und eine filigrane Ausgestaltung der Kostenrechnung vertragen sich nicht.

2. Empirische Erkenntnisse

Anders als bei den zuvor genannten Einflussgrößen wurde die Dynamik des Unternehmensumfelds – als ein neben der Komplexität „klassischer" Kontingenzfaktor der Kon-

---

[100] Vgl. zu Möglichkeiten der Entfeinerung der Kostenrechnung Weber (1992).
[101] Vgl. die Analyse bei Weber (1996), S. 931.

tingenztheorie – in der einschlägigen empirischen Literatur häufiger untersucht[102]. Die beiden aktuellsten Studien für Deutschland differenzieren zwischen externer und interner Dynamik. Letztere wurde mit den Merkmalen Veränderung der angegebenen Produkte/Marken, Veränderungen der Wertschöpfungstiefe, Veränderung der Fertigungsprozesse und Veränderungen der Organisationsstruktur gemessen[103]. Die Studien belegen übereinstimmend den konzeptionell zu vermutenden Einfluss der (externen) Dynamik nicht: „Veränderungen im externen Umfeld der Kostenrechnung führen ... nicht zu einer Modifikation des Kostenrechnungssystems"[104]. Allerdings besteht eine solche Abhängigkeit – wiederum übereinstimmend – hinsichtlich der „internen Dynamik". Ob der weitere Befund, dass die Qualität der Kostenrechnung in den Augen der Nutzer von der Dynamik der Kostenrechnung weitgehend unbeeinflusst ist[105], als ein Indiz dafür gelten kann, dass die Anpassungsaufgabe hinreichend gelingt, sei hier nicht weiter hinterfragt.

V. Fazit

An dieser Stelle ist der erste Teil der Analyse einer möglichen Kontextabhängigkeit der Kostenrechnung geleistet. Diskutiert wurden potenzielle Einflussgrößen, die sich aus der – durchweg postulierten – Abbildungsaufgabe der Kostenrechnung ableiten. Sie basieren somit auf der Idee der Kostenrechnung als einem Messinstrument. Die Analyse zeigte, dass einzelne der vorgestellten Aspekte in der einschlägigen Literatur intensiv, aber nicht zusammenhängend diskutiert, andere bislang kaum oder gar nicht behandelt wurden. Schon bezogen auf die Messperspektive wurde – so die abschließende Feststellung – die Frage der Kontextabhängigkeit der Kostenrechnung in der Vergangenheit – insbesondere im deutschen Sprachraum – vernachlässigt.

Ein ähnliches Urteil gilt für die empirische Untersuchung und Überprüfung der konzeptionell ermittelten Einflussrichtungen und -stärken. Die wenigen einschlägigen Studien im deutschen Sprachraum weisen einen viel zu geringen Auflösungsgrad auf, um die oben diskutierten Kontingenzen zu erfassen. Bezüglich dieser Aussage sind nur wenige Ausnahmen zu finden, auf die in den vorangegangenen Ausführungen deshalb häufiger Be-

---

[102] Vgl. den Überblick bei Aust (1999), S. 136f.
[103] Vgl. Aust (1999), S. 170, Frank (2000), S. 112.
[104] Aust (1999), S. 178. „Externe Dynamik" war dabei als Marktdynamik durch die drei Merkmale Veränderung der Kundenpräferenzen, Veränderung der Wettbewerbsstrategien der Anbieter und Veränderung der Marktanteile einzelner Wettbewerber operationalisiert (vgl. Aust (1999), S. 169). Ob eine Einbeziehung der Veränderung anderer Kontextfaktoren (z.B. Zahl der Lieferanten, Produktlebenszyklen u.a.m.) zu einem anderen Ergebnis geführt hätte, sei dahingestellt. Vgl. zu gleich lautenden Ergebnissen für mittelständische Unternehmen Frank (2000), S. 125.
[105] Vgl. Aust (1999), S. 181, Frank (2000), S. 153.

zug genommen wurde. International liegt eine größere Zahl von Studien vor[106]; allerdings weisen auch sie noch erhebliche Erkenntnislücken auf. Es bedarf damit erheblicher zusätzlicher empirischer Forschungsanstrengungen, um präzisere Aussagen zu ermöglichen.

Die *Abbildung 3* fasst die wesentlichen Analyseergebnisse zusammen.

Einflussfaktor	Hauptsächlich beeinflusster Aspekt der Kostenrechnung	Wirkungsrichtung und -umfang	Empirische Validierung
Messeigenschaften	Alle Teilbereiche der Kostenrechnung	Aktualität: Bestimmt Art und Häufigkeit der Erfassung und -Auswertung Genauigkeit und Detaillierung: Bestimmen Erfassungskosten und Komplexität der Kostenrechnung Objektivität: Beeinflusst Umfang der Qualitätsprüfung der Kostenrechnung sowie Art der Erfassung	Kein spezifischer Beleg
Messgüte	Alle Teilbereiche der Kostenrechnung	Reliabilität: Beeinflusst Erfassungskosten; besondere Probleme bei Selbstaufschreibung Validität: Abhängigkeit von Anforderungen der Verwendung der Kosteninformationen (Inhaltsvalidität)	Kein spezifischer Beleg
Messprozesse und -potenziale	Alle Teilbereiche der Kostenrechnung	DV-Technologie: Zentraler Einfluss auf die konkrete Ausgestaltung der Kostenrechnung; relativ geringer Einfluss auf die grundsätzlichen Gestaltungsmerkmale Kostenrechner: Einfluss auf die Nutzer der Informationen und die Informationsqualität	Zum Einfluss der DV auf die Ausgestaltung der Kostenrechnung sehr umfangreiches empirisches Material (weitestgehend deskriptiv) Hinweise auf den positiven Einfluss des Know-how-Standes der Kostenrechner
Veränderungsgrad der Prozesse	Alle Teilbereiche der Kostenrechnung	Erheblicher Einfluss auf die Kosten der Kostenrechnung (Anpassungsprozesse) Abnahme der Bedeutung der Kostenrechnung bei hohem Veränderungsgrad	Nicht-Bestätigung eines Zusammenhangs zwischen externer Dynamik und Veränderung der Kostenrechnung

Abb. 3: Überblick über weitere abbildungsbezogene Einflussfaktoren auf die Gestaltung der Kostenrechnung

---

[106] Vgl. den Überblick bei Aust (1999), S. 144-147.

Kapitel 4: Verwendungsbezogene Sicht: Analyse nutzungs- und nutzerbezogener Kontextfaktoren der Kostenrechnung

Die Ausführungen im Kapitel III. hatten – basierend auf einer eingenommenen Messperspektive – betriebliche Realprozesse, deren Merkmale und Veränderung, zum Inhalt. In den beiden folgenden Kapiteln IV. und V. geht es jetzt um die Frage, *warum* die Abbildung erfolgt, wozu also Kosten(- und Erlös-)daten überhaupt erfasst und bereitgehalten werden. Dies bedeutet im ersten Schritt das Eingehen auf eine bekannte, in jedem Kostenrechnungsbuch zu findende Diskussion der Rechnungszwecke der Kostenrechnung[107]. Da in der Literatur unterschiedliche Systematisierungen der Rechnungszwecke diskutiert werden, bedarf es entsprechend einer differenzierten Betrachtung der jeweiligen Implikationen auf die Gestaltung der Kostenrechnung.

Anschließend sei die eingangs gestellte Frage unter einer zweiten grundsätzlichen Perspektive – der Verwendung der Informationen – beantwortet. Als Basis wird u.a. eine aus dem Marketing stammende Differenzierung von Nutzungsarten der Kosten- und Ergebnisinformationen verwendet, die bislang wenig Eingang in die Kostenrechnungs- und Controllingliteratur gefunden hat[108].

I. Rechnungszwecke

Die Frage, wozu Kosten, Erlöse und Erfolge zu erfassen und auszuweisen sind, wird in der einschlägigen Literatur durchweg unter dem Begriff der Rechnungszwecke diskutiert. Hierzu finden sich mehr oder weniger umfangreiche Ausführungen[109]. Ihnen ist typischerweise gemein, dass in einem ersten Schritt eine Differenzierung in zwei Gruppen erfolgt, die unterschiedlich breit besetzt sind: „Pflichtaufgaben" stehen freiwillig verfolgte Zwecke gegenüber.

---

[107] Rechnungszwecken wird durchweg eine wesentliche Bedeutung zur Gestaltung der Kostenrechnung zuerkannt. Für *Schneider* bedeutet der Satz „**Aus dem Rechnungszweck folgt der Rechnungsinhalt**" „den obersten Grundsatz eines aussagefähigen Rechnungswesens" (Schneider (1994), S. 28, Hervorhebung im Original).

[108] Vgl. als Ausnahme z.B. Karlshaus (2000), S. 111-114, für die Kostenrechnung und Weber (2004), S. 113-117, für das Controlling.

[109] Vgl. Freidank (1997), S. 91-93, für eine knappe und Hummel/Männel (1986), S. 22-40, für eine sehr ausführliche Diskussion.

1. „Aufgezwungene" Rechnungszwecke

Obwohl die Kostenrechnung – im Gegensatz zur externen Rechnungslegung – grundsätzlich ein fakultatives Informationssystem darstellt, sind von ihr typischerweise gelieferte Informationen für bestimmte Fragestellungen verbindlich vorgeschrieben[110]. Abgesehen von vertraglichen Pflichten – etwa im Rahmen relationaler Verträge zwischen zwei Marktpartnern, die auf Kosten basieren – sind hier insbesondere die folgenden Anlässe zu nennen:

- *Bestandsbewertung:* Eine Kostenrechnung ist erforderlich, um die zu bilanzierenden Bestände an Halbfertig- und Fertigprodukten zu bewerten. Zwar sind hier Aufwendungen, keine Kosten relevant. Allerdings reicht zumindest in größeren Unternehmen der leistungserstellungsbezogene Auflösungsgrad der Aufwands- und Ertragsrechnung nicht aus, um die den Beständen zuzurechnenden Werte zu bestimmen; eine Kostenrechnung liefert dann die Basisinformationen, die (gegebenenfalls) nur noch in der Bewertung[111] korrigiert werden müssen.
  Einflüsse der Bestandsbewertungsaufgabe auf die Kostenrechnung ergeben sich im ersten Schritt insofern, als die Rechnung einen hierfür hinreichenden Detaillierungsgrad aufweisen muss. Dies mag allerdings nur in kleineren Unternehmen gestaltungsrelevant sein[112]. In einer grundsätzlicheren Form ist jedoch die vom Unternehmen gewählte Form der Rechnungslegung von Bedeutung. Wird diese nach deutschem Handelsrecht betrieben, so besteht in dieser ein breites Spektrum zulässiger Wertansätze. Eine Vollkostenkalkulation ist ebenso zulässig wie eine Zuordnung allein von Teilkosten. Erstellt das Unternehmen die Rechnungslegung dagegen nach IFRS oder nach US-GAAP, so muss die Kostenrechnung in der Lage sein, Vollkostenwerte zu bestimmen. Eine reine Teilkostenrechnung erfüllt dann die rechtlichen Anforderungen nicht.
- *Preiskalkulation:* Ein ebenfalls in der Literatur standardmäßig zu findender „aufgezwungener" Rechnungszweck ist die Selbstkostenkalkulation von Preisen bei bestimmten Formen öffentlicher Aufträge[113]. Unabhängig von der Ausprägung als Selbstkosten-Fest-, -Richt- oder -Erstattungspreis sind Vollkosten zu kalkulieren, die bestimmten Anforderungen zu genügen haben (z.B. hinsichtlich des Ansatzes kalkulatorischer Zinsen oder der Bestimmung von

---

[110] Diese Fragestellungen werden von Kloock/Sieben/Schildbach (1999), S. 18f., als „Publikationsaufgaben" bezeichnet.
[111] Etwa im Bereich der Abschreibungen als Anderskostenart.
[112] Eine Kostenträgerrechnung in „normalem Ausbaustand" schließt die Möglichkeit zur Bestandsbewertung stets mit ein.
[113] Vgl. den aktuellen Überblick bei Budäus (2002), S. 907-921.

Abschreibungen). Insofern resultieren aus der Erfüllung dieses Rechnungszwecks sehr weitgehende Gestaltungseinflüsse auf die Kostenrechnung[114].

- *Regulierung:* Die Ausrichtung der Kostenrechnung auf Zwecke staatlicher oder supranationaler Wettbewerbsregulierung[115] wird in den Kostenrechnungsbüchern nur sehr selten genannt[116]. Angesichts der Deregulierung ehemals staatlicher Monopole (z.B. im Post- und Telekommunikationssektor) sowie der zunehmenden Unternehmenskonzentration und der damit einhergehenden häufigeren Anwendung von kartellrechtlichen Regelungen besitzt dieser Rechnungszweck jedoch in der Praxis eine erhebliche Bedeutung. Der Kostenrechnung kommt dann in Rechtsstreitigkeiten eine Schlüsselrolle zu. So entschied sich z.B. das Verfahren der Europäischen Kommission gegen die DPWN AG auf der Basis der Frage, ob eine Quersubventionierung zwischen dem Monopolbereich Briefdienst und dem Wettbewerbsbereich des Paketdienstes vorlag. Diese wiederum wurde unter Bezugnahme auf den Begriff der „spezifischen Zusatzkosten" („incremental costs") beantwortet[117]. Ein anderes Beispiel betrifft die Feststellung eines vorliegenden Verdrängungswettbewerbs. Ein hierzu dienender Preismissbrauch wird dann konstatiert, „wenn der Preis unter den durchschnittlichen variablen Kosten des beherrschenden Unternehmens liegt"[118].
Jeweils resultiert ein unmittelbarer und erheblicher Einfluss auf die Gestaltung der Kostenrechnung. Sie muss in der Lage sein, den Tatbestand eines nicht vorliegenden Eingriffsbedarfs von Seiten der Regulierungsinstanzen aufzuzeigen. Hiermit gewinnen Rechengrößen an Bedeutung („incremental costs"), die in der „normalen" Kostenrechnung nicht ausgewiesen werden[119].

2. Fakultative Rechnungszwecke i. e. S.

Freiwillige Zwecke der Kostenrechnung werden in der einschlägigen Literatur ganz unterschiedlich strukturiert und zudem – wie bereits angesprochen – sehr unterschiedlich

---

[114] So hört man aus Unternehmen, die einen hohen Teil derartiger Aufträge abwickeln, davon, dass systematische Parallelrechnungen betrieben werden, um auch anderen Rechnungszwecken genügen zu können.
[115] Vgl. im Überblick Bromwich/Vass (2002).
[116] Vgl. als eine Ausnahme Schweitzer/Küpper (2003), S. 753-769.
[117] Entscheidung der Europäischen Kommission vom 20. März 2001 (Sache COMP/35.141 – Deutsche Post AG), S. 3f.
[118] Entscheidung der Europäischen Kommission vom 20. März 2001 (Sache COMP/35.141 – Deutsche Post AG), S. 18, wo auf ein Urteil des Europäischen Gerichtshofs vom 3. Juli 1991 verwiesen wird.
[119] Wie im Bereich der Selbstkostenermittlung kann die erhebliche Tragweite eines eventuellen Eingriffs der Regulierung dazu führen, dass Unternehmen für die anderen Rechnungszwecke ein paralleles Kostenrechnungssystem betreiben.

ausführlich diskutiert. Als eine Art Basisgliederung lässt sich die folgende Dreiteilung aufführen:

- *Dokumentation*: Die nachvollziehbare, objektive Aufzeichnung der Realprozesse hat als Rechnungszweck des Rechnungswesens eine lange Tradition. Dies gilt speziell auch für die Kostenrechnung[120]: „Die Analyse der Kostenrechnungszwecke in den Schriften der frühen Betriebswirtschaftslehre verweist primär auf Dokumentationsaspekte, die die Autoren zu Aufschreibungen drängen"[121]. Zwei grundsätzliche Funktionen dieser Aufschreibungen lassen sich unterscheiden. Zum einen wird die Dokumentationsfunktion auf die „rechtlich gesicherte Ermittlung von Ergebnissen, an die sich Ansprüche unbestreitbar knüpfen können"[122], bezogen. Diese Sichtweise weist enge Bezüge zu den zuvor genannten „aufgezwungenen" Rechnungszwecken auf. Zusätzlich abgedeckt werden freiwillige interorganisationale Beziehungen (z.B. kostenbasierte Verträge in relationalen Kunden-Lieferanten-Beziehungen) und unternehmensinterne Fragestellungen, die einer objektiven, nachprüfbaren Datenbasis bedürfen (z.B. Incentivierung). Zum anderen dient die Dokumentation dem Erfahrungsaufbau, d.h. die Aufzeichnung erfolgt aus der Intention heraus, dass die erfassten Informationen zu späterer Zeit genutzt werden können, ohne spezielle Erwartungen über Form, Umfang und Intensität der Nutzung zu besitzen.

Einflüsse der letzteren Interpretation der Dokumentationsfunktion auf die Gestaltung der Kostenrechnung lassen sich grundsätzlich konstatieren[123], aber nur im konkreten Anwendungsfall spezifizieren. Die Verknüpfung von Dokumentation mit konkreten Nachweispflichten entspricht in ihren Auswirkungen auf die Kostenrechnung schließlich dem bei den „Pflichtaufgaben" Ausgeführten.

- *Planung*: „Die (entscheidungsorientierte) Kosten- und Leistungsrechnung soll die Planungsaufgaben der Unternehmensleitung dadurch unterstützen, dass sie Unterlagen bereitstellt, auf deren Basis Entscheidungen gefällt werden können"[124]. Diesem Rechnungszweck kann die Kostenrechnung in unterschiedlichen Umweltsituationen auf unterschiedliche Weise gerecht werden: Ist die Umwelt weitgehend konstant, so ist eine möglichst gute Kenntnis der Vergan-

---

[120] Vgl. Schneider (1992), S. 4.
[121] Bungenstock (1995), S. 87.
[122] Illetschko (1961), S. 195.
[123] So ist davon auszugehen, dass eine Steigerung der potenziellen Auswertungswünsche zu einer Erhöhung der Komplexität und Detaillierung der Kostenrechnung führen wird, der allerdings höhere Informationskosten und kognitive Begrenzungen (beschränkte Auswertungsfähigkeit komplexer Datenmengen) entgegenstehen.
[124] Kloock/Sieben/Schildbach (1999), S. 17.

genheit wichtig. Die Kostenrechnung hat dann in der für die Planung erforderlichen Detaillierung und Auflösung die Vergangenheitsdaten und ihre Veränderungen aufzuzeichnen und dem Management zugänglich zu machen. Je nach Ausprägung der Planung kann hierfür – auf der einen Seite des Spektrums – eine wenig ausgebaute Vollkostenrechnung ausreichen oder auf der anderen Seite eine sehr detaillierte Einzelkosten- und Deckungsbeitragsrechnung *Riebel'*scher Prägung erforderlich sein. Trägt die Erfahrung der Vergangenheit nicht[125], dann besteht die Notwendigkeit der Generierung von Planungsdaten; dies begründet – je nach dem Grad der Dynamik – entweder eine laufende Plankostenrechnung oder aber fallweise Kostenplanungen. Form und Detaillierung dieser Plandaten hängen wiederum von der Form der Planung ab.

- (Wirtschaftlichkeits-)*Kontrolle*: Als dritter maßgeblicher Zweck der Kostenrechnung wird schließlich auf die Kontrolle verwiesen, deren Bedeutung daraus resultiert, dass „nicht alle ... Anweisungen in das von der Unternehmensleitung erwartete Ergebnis umgesetzt"[126] werden. Um diese Aufgabe zu erfüllen, bedarf es im ersten Schritt einer reliablen und validen Abbildung der Realprozesse, um Istgrößen zu ermitteln, die den Plangrößen gegenübergestellt werden können. Wird die laufende Kostenrechnung wesentlich auf den Kontrollzweck ausgerichtet, bestimmt sich der Detaillierungs- und Komplexitätsgrad der Ist-Kostenrechnung im Wesentlichen[127] aus den Anforderungen einer vorzunehmenden Gegenüberstellung von Ist- und Plangrößen. Mit der Abweichungsanalyse kommt dann ein weiterer Auswertungsteil hinzu.
Da die Kostenkontrolle inhaltlich so eng an die Kostenplanung gebunden ist, sind keine weitergehenden Aussagen zum Einfluss auf die Gestaltung der Kostenrechnung erforderlich.

Diese Basisstrukturierung wird in der einschlägigen Literatur im Bereich der Planungsfunktion häufig weitergehend differenziert, und zwar nach unterschiedlichen Entscheidungstatbeständen. Das Spektrum reicht von kurzen exemplarischen Auflistungen[128] bis

---

[125] Dieses ist zum einen dann der Fall, wenn die Vergangenheitswerte keine effiziente Leistungserstellung widerspiegeln – es sei an das berühmte Schmalenbach-Zitat vom Vergleich von Schlendrian mit Schlendrian erinnert. Zum anderen sind Erfahrungswerte dann nur begrenzt aussagefähig oder ganz obsolet, wenn sich starke Veränderungen ergeben (hohe Dynamik). Hierauf wurde im Abschnitt III. 4. schon eingegangen.

[126] Kloock/Sieben/Schildbach (1999), S. 14.

[127] Nicht alle exakt zu planenden Größen lassen sich aus Erfassungsgründen auch exakt im Ist aufzeichnen. Vgl. zu Beispielen z.B. Weber (2002), S. 209-211.

[128] Vgl. z.B. Freidank (1997), S. 93.

zu umfangreichen Zweckkatalogen[129]. Wie bereits angemerkt, ist ein Einfluss dieser entscheidungsbezogenen Zwecke auf den Detaillierungs- und Differenzierungsgrad der Kostenrechnung zu erwarten. Darüber hinaus kann davon aber auch der grundsätzliche Aufbau der Kostenrechnung bestimmt werden: Je mehr Entscheidungstatbestände durch die Kostenrechnung abgedeckt werden sollen, desto weniger macht eine traditionelle Abfolge einer Kostenarten-, Kostenstellen- und Kostenträgerrechnung Sinn. Vielfältige Entscheidungen erfordern eine weitgehend freie Kombinationsmöglichkeit von Kostenelementen. Dies führt zu einem datenbankorientierten Grundaufbau, wie ihn *Riebel* im Zusammenspiel von Grund- und Auswertungsrechnungen vorgesehen hat[130].

An dieser Stelle zeigt sich die zentrale Bedeutung, die Rechnungszwecke für die Gestaltung der Kostenrechnung spielen. Ihr Einfluss geht über Einzelaspekte hinaus; er betrifft die grundsätzliche Vorgehensweise der Kostenerfassung und -zurechnung. Rechnungszwecke waren für die Entwicklung von Kostenrechnungssystemalternativen bestimmend. Aussagemängel der Vollkostenrechnung bezogen auf den Planungs- und Kontrollzweck waren sowohl Anlass für die Entwicklung des Direct Costing als auch der Grenzplankostenrechnung. Gleiches gilt für die den Systemen zu Grunde liegenden Zurechnungsprinzipien (Verursachungsprinzip auf der einen Seite und Marginal- sowie Identitätsprinzip auf der anderen Seite). Die Erfüllung von Rechnungszwecken dient auch regelmäßig als Basis für die Einschätzung der Eignung der Rechnungssysteme in der praktischen Anwendung. So gilt die traditionelle Vollkostenrechnung im Kontext marktorientierter Unternehmen durchweg als ungeeignet, weil sie keine Kostenspaltung vornimmt und durch eine umfangreiche Schlüsselung gekennzeichnet ist. Hierdurch könne sie für die Fundierung und Kontrolle von Entscheidungen nicht herangezogen werden[131]. Hierzu geeignet seien nur die sogenannten „modernen"[132] Kostenrechnungssysteme. Der – nur selten explizierte – theoretische Hintergrund dieser Argumentationen bildet ein Rechnungszweckverständnis, das auf der klassischen Entscheidungstheorie beruht[133].

Schließlich finden sich in der einschlägigen Literatur zunehmend Hinweise auf eine das traditionelle Raster durch eine neue Dimension ergänzende Zweckkategorie: Die bisher genannten Zwecke besitzen das gemeinsame Merkmal, die Gründe und Motive des Handelns von Menschen unbeachtet zu lassen. Bei der Entscheidungsfundierung und -kontrolle geht es zumeist um „Unternehmensentscheidungen", für die es nicht erforderlich erschien, ihren Träger mit zu modellieren. Die objektive und nachprüfbare Zielsetzung der Dokumentationsfunktion will einen Einfluss einzelner Menschen bewusst aus-

---

[129] Vgl. z.B. Weber/Weißenberger (2003), S. 322-324.
[130] Vgl. ausführlich Riebel (1994), S. 149-175.
[131] Vgl. als ein Beispiel von vielen Hoitsch/Lingnau (2002), S. 375.
[132] Vgl. zu dieser Kennzeichnung Hummel/Männel (1983).
[133] Auf diesen Aspekt wird im Kapitel 5, Abschnitt IV., noch intensiv eingegangen.

schließen. Seit geraumer Zeit wird jedoch die Möglichkeit einer solchen Vereinfachung wesentlich in Frage gestellt („verhaltensorientierte Kostenrechnung"). Neben dem Forschungsgebiet des Behavioral Accounting widmet sich insbesondere die Prinzipal-Agenten-Theorie dieser Problemstellung[134]. Der Kostenrechnung stellt sich in dieser Perspektive die Aufgabe, Informationen zur Beeinflussung und Lösung interpersoneller Interessenkonflikte zu liefern. Die Kostenrechnung soll in diesem Sinne drei Funktionen wahrnehmen. (1) Sie soll geeignete Informationen liefern, um den Agenten zu einer Handlung im Sinne des Prinzipals zu bewegen. (2) Sie soll als *Verhandlungshilfe* dienen, beispielsweise für einen Kostenstellenleiter stichhaltige Daten zur Rechtfertigung möglicher Kostenüberschreitungen gegenüber vorgesetzten Instanzen bereitstellen. (3) Schließlich kann die Kostenrechnung auch eine *Konfliktregelungsfunktion* wahrnehmen. Fordert z.B. der Produktionsleiter eine Fertigung in möglichst großen Losen, der Leiter der Logistik dagegen eine möglichst geringe Lagerhaltung (also möglichst kleine Lose mit häufigen Loswechseln), so kann die Bestimmung der kostengünstigsten Losgröße für beide Beteiligten die akzeptable Grundlage der Lösung ihres Konflikts sein[135].

Für die Gestaltung der Kostenrechnung hat die Unterscheidung zwischen Entscheidungs- und Verhaltensorientierung erhebliche Auswirkungen[136]: Während für Erstere möglichst problemadäquate (und damit sowohl spezifische wie detaillierte) Daten bereitgestellt werden müssen, gilt es für die Verhaltensorientierung, eine verständliche, manipulationsgeschützte Rechnung zu gestalten[137]. Beide Anforderungen führen zu einer im Vergleich zur Entscheidungsorientierung einfachen Ausgestaltung der Kostenrechnung. Will man beide Orientierungen in einer gemeinsamen Rechnung realisieren, entstehen folglich Zielkonflikte[138].

3. Empirische Ergebnisse

Welche Zwecke Unternehmen mit einer Kostenrechnung verfolgen, zählt zu den empirisch innerhalb des Themenfelds Kostenrechnung am häufigsten untersuchten Fragestel-

---

[134] Vgl. zu Letzterem im Überblick Wagenhofer (1993), zur Verhaltensorientierung der Kostenrechnung ausführlich den Abschnitt V. 4.
[135] Diese verhaltensorientierte Sichtweise der Kostenrechnung ist in Deutschland erst seit kurzem „entdeckt" worden (z.B. im Rahmen der Prinzipal-Agenten-Theorie). In den USA ist sie dagegen schon lange gang und gäbe, wie das folgende Zitat zeigt: „A management accounting system should have two simultaneous functions: (a) to help managers make wise economic decisions and (b) to motivate managers and other employees to aim and strive for goals of the organization" (Horngren/Datar/Foster (2003), S. 13).
[136] Dieser Aspekt wird – wie bereits angesprochen – im Abschnitt V. 4. dieses Papiers ausführlicher aufgegriffen.
[137] Vgl. ausführlich Weber (1994).
[138] Vgl. z.B. Zimmerman (1997), S. IV, mit dem Hinweis, dass diese Zielkonflikte in den Kostenrechnungslehrbüchern zu wenig thematisiert werden.

lungen[139]. Aktuelle Ergebnisse liegen für deutsche Unternehmen und Kommunen vor. Für größere Unternehmen ergibt sich bezogen auf die Nutzer „ergebnisverantwortliche Manager" ein starker Fokus auf Problemstellungen, die nach herrschender Meinung durch Investitions-, nicht durch Kostenrechnungen zu untermauern sind (Investitionen/Desinvestitionen, Wertschöpfungs-/Produktionstiefe, Akquisitionen/Zusammenschlüsse)[140]. Eine Untersuchung im Mittelstand hat diese Ergebnisse im Wesentlichen bestätigt[141]. In Kommunen dominiert dagegen die dort „klassische" Aufgabe der Kostenrechnung, die Entgeltkalkulation, deutlich[142]. Der am zweithäufigsten genannte Zweck der Kommunikation gegenüber dem Rat weist auf eine Verwendungsrichtung, die gleich bei der Diskussion unterschiedlicher Arten der Nutzung von Kostenrechnungsinformationen eine wichtige Rolle spielen wird.

Weitere empirische Befunde liegen dann vor, wenn man die Wahl eines Kostenrechnungssystems als einen Indikator für die Bedeutung einzelner Rechnungszwecke heranzieht[143]. In den Studien findet sich – über die Jahrzehnte unverändert[144] – eine Dominanz der Vollkostenrechnung einerseits und – für einen deutlich geringeren Teil von Unternehmen – ein Nebeneinander von Voll- und Teilkostenrechnung andererseits[145]. Die deutliche Dominanz der Vollkostenrechnung gegenüber den Teilkostenrechnungssystemen widerspricht der herausgehobenen Bedeutung, die der Entscheidungsfundierung und -kontrolle in der Kostenrechnungsliteratur zugewiesen wird (als ein der anfangs angesprochenen Effizienzhypothese widersprechendes „Theorie-Praxis-Paradoxon"). Kostenrechnung primär verhaltensorientiert zu sehen, kann dieses Phänomen – wie angedeutet und später noch weiter auszuführen – dagegen erklären.

Spezifische, stärker differenzierende empirische Ergebnisse dahingehend, wie die primär verfolgten Rechnungszwecke die Gestaltung der Kostenrechnung beeinflussen, liegen meines Wissens nicht vor.

---

[139] Vgl. z.B. den Überblick bei Küpper (1993), S. 603-611.
[140] Vgl. Homburg et al. (2000), S. 247. Diese Ergebnisse weichen deutlich von der Einschätzung der Rechnungszwecke durch die Kostenrechner ab, die z.B. in einer empirischen Studie aus dem Jahr 1993 ermittelt wurden und im Wesentlichen der Argumentation der herrschenden Lehrbuchmeinung entsprechen (vgl. Weber (1993b), S. 267). Will man kein offensichtliches Fehlverhalten der Manager konstatieren, so liefert eine verhaltensorientierte Sicht der Kostenrechnung eine mögliche Erklärung.
[141] Vgl. Frank (2000), S. 99.
[142] Vgl. Weber/Hunold (2002), S. 43. Preiskalkulation gilt auch für erwerbswirtschaftliche Unternehmen als zentraler Rechnungszweck.
[143] So ist etwa eine klassisch verstandene Entscheidungsorientierung nur mit „modernen" Teilkostenrechnungen möglich.
[144] Vgl. etwa die Ausführungen bei Frank (2000), S. 94f.
[145] Vgl. z.B. Küpper (1993), S. 608-611; Frank (2000), S. 94f.; Homburg et al. (1998), S. 16.

II. Nutzerbezogene Einflüsse

Bisher wurde die Nutzung von Kostenrechnungsinformationen rein funktional, losgelöst von einzelnen Nutzern, betrachtet. Menschen waren bisher allenfalls implizit[146], nicht explizit modelliert. Im Folgenden wird der Übergang von der abstrakten Nutzung („Das Unternehmen entscheidet") zu individuellen Nutzern und deren spezifischen Eigenschaften („Der Manager Meyer entscheidet") vollzogen. Hierzu sei ein dreistufiges Vorgehen gewählt. Am Anfang stehen – als Basis – Aussagen zur grundsätzlichen Modellierung von Eigenschaften von Nutzern. Da sie auch für das 5. Kapitel von erheblicher Bedeutung sind, fallen sie umfangreicher aus. Anschließend werden mit User Know-how und User Involvement zwei Merkmale besonders herausgegriffen, die in empirischen Erhebungen zur Nutzung von Informationen eine wichtige Rolle spielen. Schließlich wird im dritten Schritt auf Nutzungsarten Bezug genommen, die bislang – wie weiter oben bereits angemerkt – trotz ihrer Tragweite von der Literatur zur Kostenrechnung kaum behandelt wurden.

1. Modellierung von Nutzern der Kostenrechnungsinformationen

a) Individueller Akteur als Ausgangspunkt

Betrachtet wird ein einzelner, individueller Akteur (vgl. zur Veranschaulichung auch die *Abbildung 4*). Dieser Mensch ist durch ein Set an Eigenschaften gekennzeichnet, die ihn befähigen zu handeln[147]. Zu diesen Eigenschaften zählen zunächst bestimmte Fähigkeiten. Sie lassen sich im ersten Schritt nach solchen der Antizipation („Welche Führungsleistung soll wie und wann erbracht werden?") und solchen der Realisation unterscheiden (Eignung, die vorgedachte Führungsleistung auch tatsächlich erbringen zu können).

Antizipationsfähigkeit kann abstrakt als Fähigkeit beschrieben werden, Änderungen im Handlungsraum des Akteurs durch die Bildung eines entsprechenden Willens vorwegzunehmen. Sie kann weitergehend in Perzeptions-, Prognose- und Bewertungsfähigkeit differenziert werden:

---

[146] Z.B. über bestimmte Verhaltenserwartungen innerhalb der Plankostenrechnung.
[147] Vgl. zum Folgenden Bach et al. (1998) und Schäffer (2001), S. 84-126.

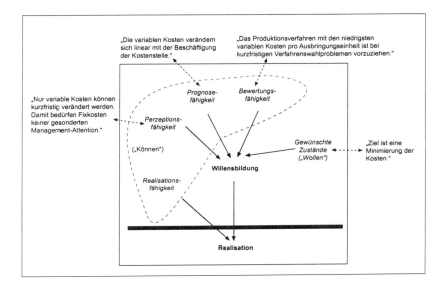

Abb. 4: Ansatz zur Modellierung der Nutzer von Kostenrechnungsinformationen

- *Perzeptionsfähigkeit*: Sie besteht darin, relevante Aspekte der Umwelt des Akteurs und seiner selbst wahrzunehmen und damit einer weitergehenden Verarbeitung zur Verfügung zu stellen. Nur das, was wahrgenommen wird, kann Handlungen auslösen. Damit beschränkt die Perzeptionsfähigkeit das Handlungsrepertoire des Akteurs („blinde Flecken"). Für das Instrument „Kostenrechnung" betrachtet, richtet das implementierte System die Wahrnehmung von Managern und Mitarbeitern aus. Die dem System zugrunde liegenden Merkmale (z.B. Periodenbezug, Kostenspaltung, Zurechnungsprinzip) führen dazu, anstehende Entscheidungsprobleme entsprechend einzuordnen. Eine fehlende oder mangelnde gesonderte Abbildung von Logistikkosten in den üblichen Kostenrechnungssystemen z.B. ruft die Gefahr hervor, diese Kosten im täglichen Entscheidungsverhalten unberücksichtigt zu lassen.

- *Prognosefähigkeit*: Hiermit sei die Fähigkeit bezeichnet, Änderungen im Handlungsraum des Akteurs vorherzusehen, oder – mit anderen Worten – entsprechende Erwartungen mit guter Aussicht auf Erfolg (hoher Eintrittswahrscheinlichkeit) zu bilden. Auch diese Fähigkeit wird von der Kostenrechnung beeinflusst. Wurde z.B. ein System implementiert, das eine Trennung von fixen und variablen Kosten vornimmt, so erhöht sich die Prognosefähigkeit bezüglich kurzfristiger Entscheidungsprobleme gegenüber einer Vollkostenrechnung erheblich. Umgekehrt besteht die Gefahr, die Fixkosten auch bei solchen Entscheidungen zu vernachlässigen, die Auswirkungen über den kurzfristigen Zeitraum hinaus haben.

- *Bewertungsfähigkeit*: Hierunter sei die Fähigkeit verstanden, relevante Zustände im Handlungsraum („Entscheidungsalternativen") miteinander wertend zu vergleichen. Die Kostenrechnung bietet hier eine Vielzahl von Kalkülen an, die je nach Rechnungszweck unterschiedliche Kostengrößen in die Entscheidung einbeziehen. Generell gilt der Grundsatz, nur relevante Kosten zu berücksichtigen. Welche Kosten relevant sind, hängt vom Einzelfall ab.

Den Antizipationsfähigkeiten des handelnden Akteurs stehen seine Realisationsfähigkeiten gegenüber (z.B. einen Produktionsauftrag durchzuführen oder einen Sachbearbeiter anzuweisen). Sie drücken sein Vermögen aus, Änderungen im Handlungsraum auch tatsächlich vornehmen bzw. erreichen zu können („Denken allein genügt nicht").

Die Fähigkeiten eines Akteurs sind notwendigerweise begrenzt. Dies gilt für die Antizipationsfähigkeiten („kognitive Begrenzungen") ebenso wie für die Realisationsfähigkeiten. Diese Grenzen beziehen sich auf

- qualitative Merkmale der jeweiligen Fähigkeit: bezogen auf einen Produktionsvorgang zeigen sich Restriktionen der Realisationsfähigkeit z.B. in begrenzter manueller Geschicklichkeit, bezüglich der Antizipationsfähigkeit z.B. als Limitierungen des Perzeptionsvermögens (z.B. Übersehen steigender Reaktanz von Produktionsarbeitern) und
- deren quantitatives Ausmaß: etwa als maximale Schreibgeschwindigkeit in einer Buchungsstelle oder als Beschränkungen der Prognosefähigkeit („so viele unterschiedliche Alternativen kann ich nicht im Kopf behalten").

Akteure haben dank (oder wegen) ihrer begrenzten Fähigkeiten einen potenziellen Handlungsraum. Eine individuelle Richtungsgebung erfahren sie durch die Existenz von Zuständen, die von ihnen gewünscht werden (individuelle Nutzenfunktion). Sie füllt die zunächst abstrakte Bewertungsfähigkeit konkret aus. Die gewünschten Zustände erschließen die individuelle Zwecksetzung, während die Fähigkeiten dem Akteur die individuellen Mittel zur Zweckerreichung bereiten.

Die generelle Begrenzung der Fähigkeiten des Akteurs macht es schließlich erforderlich, Vereinfachungen vorzunehmen. Diese betreffen sowohl den Ersatz von Wissen durch (irrtumsgefährdete) Hypothesen, als auch die Verbindung (Clusterung) der zunächst getrennt voneinander dargestellten Antizipationsfähigkeiten zu sogenannten „internen Modellen". Derartige Modelle umfassen für die jeweils relevanten Problembereiche („Weltausschnitte") zum einen – als Selbstbild des Akteurs – Annahmen über seine eigenen Eigenschaftsausprägungen und deren Nebenbedingungen, zum anderen als handlungsrelevantes „Weltbild" Erwartungen über Bezugsgrößen und Folgen unterschiedlicher Handlungen und Handlungssequenzen. Interne Modelle lassen sich mit anderen Worten als Ordnungsschemata bezeichnen, die sich über die Zeit aufgrund des Aufbaus eigener oder Erwerbs fremder Erfahrung bilden. Sie können für bestimmte Problemkomplexe ausschließlich wirken oder mit anderen konkurrieren. Derartige Konkurrenzsituationen kennt die Psychologie als Rollenkonflikte.

b) Kollektive Akteure als Erweiterung

Einzelne Manager und Mitarbeiter arbeiten nicht allein. Sie haben sich in Unternehmen zusammengefunden, um im Zusammenwirken gemeinsame Ziele zu verfolgen. Im einfachsten Fall kann man sich unter diesen die Unternehmensziele vorstellen. Allerdings zeigt die praktische Erfahrung, dass diese zum einen nicht unverändert vorgegeben, sondern veränderbar sind, und zum anderen von Einzelnen oder ganzen Bereichen systematisch eigene Ziele verfolgt werden („Bereichsegoismus"). Außerdem wird man in der Praxis mit dem Phänomen von Subkulturen konfrontiert, begreifbar als bestimmte Sichten, die Welt zu betrachten und in dieser zu handeln[148]. Hier sind unschwer spezifische Ausprägungen von Antizipationsfähigkeiten zu erkennen.

Folgt man diesen Überlegungen, so macht es Sinn, das Konzept des ökonomischen Akteurs von der Ebene einzelner Menschen zu lösen und auch auf Gruppen von diesen zu beziehen (Abteilungen, Bereiche, Gesamtunternehmen, Supply Chain...). Wie die *Abbildung 5* veranschaulicht, sind die Modelle zum einen von ihren Merkmalen her jeweils identisch bzw. von der betrachteten Ebene unabhängig. Zum anderen bestehen zwischen den Ebenen wechselseitige Beziehungen:

- Kollektive Akteure geben für individuelle Akteure einen (maßgeblichen) Teil des Handlungsrahmens vor: Diese Beziehungsrichtung entspricht dem typischen Bild der Hierarchie und liegt etwa auch der Diskussion um Wertorientierung zu Grunde.
- Umgekehrt ist der durch kollektive Akteure vorgegebene Handlungsrahmen für die individuellen Akteure nicht unveränderbar: Ein typisches Beispiel aus dem Controlling hierzu ist die Budgetierung im Gegenstromverfahren.

---

[148] „Klassisches Beispiel" ist der Forschungs- und Entwicklungsbereich. Vgl. z.B. Brockhoff (1994), S. 13.

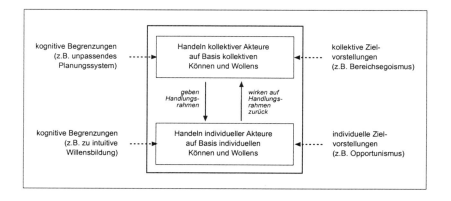

Abb. 5: Zusammenspiel individueller und kollektiver Akteure

Kollektive Akteure können sich auf zwei grundsätzliche Arten bilden: Zum einen bewusst gestaltet, zum anderen emergent. Der erste Fall ist der für Unternehmen zumeist unterstellte. Das Unternehmen wird durch eine Eintragung ins Handelsregister ins Leben gerufen; seine Organe sind z.T. durch das Gesetz vorgeschrieben (z.B. ein Vorstand), z.T. werden sie von diesen gebildet (z.B. die Aufbauorganisation). Emergente, sich selbst herausbildende Strukturen werden nur in Randbereichen gesehen, und zwar dann, wenn Wissensbeschränkungen keine bewusste Gestaltung ermöglichen („Selbstorganisation"). Das Nebeneinander von planvoller Gestaltung und Emergenz betrifft nicht nur die Akteure selbst, sondern auch ihr Zusammenwirken. Ein Teil des Handlungsrahmens wird geplant und explizit formuliert vorgegeben. Beispiele hierfür sind Kompetenzverteilungen oder auch die jährliche Budgetierung. Der andere bildet sich durch das Zusammenwirken der Akteure heraus und ist häufig impliziter Natur (z.B. Routinen).

Bezieht man dieses erweiterte Modell ökonomischer Akteure auf die Kostenrechnung, so lassen sich folgende Aussagen treffen:

- Kostenrechnung beeinflusst die Antizipation individueller Akteure. Wenn etwa der Produktionsleiter eine Ablaufplanung für seine Produktionsanlagen erstellt, so wird er unter Einbeziehung von Kosten zu anderen Ergebnissen kommen, als wenn er allein den Auslastungsgrad der Maschinen optimiert. Versteht er es nicht, richtig mit den Kosteninformationen umzugehen und/oder passen diese nicht auf sein Entscheidungsproblem, so besteht eine erhöhte Gefahr von Fehlentscheidungen.

- Kostenrechnung ist bei durchgängiger Implementierung Teil des internen Modells des Akteurs Unternehmung. Damit bekommt die Anwendung der Kostenrechnung für die einzelnen Unternehmensbereiche, Abteilungen oder individuellen Führungskräfte zum einen einen verbindlichen Charakter; zum anderen erleichtert die durchgängige Verwendung die gegenseitige Kommunikation (geteiltes Wissen, einheitliche Sprache[149]).

- Wird das Modell Kostenrechnung von den individuellen Akteuren geteilt, bietet sich auch die Möglichkeit, Kosten zur Lösung von Interessenkonflikten der Akteure heranzuziehen.

- Das Ausgangswissen bezüglich Kostenrechnung ist nicht bei allen Akteuren gleich. Wissensasymmetrien eröffnen diskretionäre Handlungsspielräume (z.B. im Bereich der Allokation von Gemeinkosten). Derartige Möglichkeiten ziehen Reaktanz bei den „Kostenrechnungs-Unwissenden" nach sich, die das Funktionieren der Kostenrechnung in Frage stellt. Bemühungen, die Kostenrechnung in ihrer Komplexität und Detaillierung zu begrenzen, können folglich nicht nur aus den für sie anfallenden Kosten, sondern auch aus den Konsequenzen für die Anwendung im täglichen Handeln im Unternehmen resultieren.

- Ansätze zur Gestaltung und Weiterentwicklung der Kostenrechnung kommen nicht nur vom kollektiven Akteur Unternehmung (etwa die Einführung einer Prozesskostenrechnung ausgelöst durch einen Vorstandsbeschluss); ebenso kann der Anstoß von einzelnen Managern und/oder Abteilungen kommen (etwa vom Leiter eines Verwaltungsbereichs). Wird damit eine übergreifende Thematik berührt, kann es zur flächendeckenden Einführung kommen. Stehen (bereichs-)individuelle Motive im Vordergrund, sind entsprechende „Insellösungen" die adäquate Realisierungsform.

Die folgenden Ausführungen in diesem Unterabschnitt – aber auch einige im 5. Kapitel – werden auf diese Struktur mehrfach zurückgreifen.

2. Modellierung von Kenntnissen und Einbindung der Nutzer

Den Nutzer von Kostenrechnungsinformationen näher zu betrachten, hat in Deutschland – wie bereits angesprochen – in den einschlägigen Lehrbüchern keine Tradition. Dies gilt in ähnlicher Weise auch für das internationale Schrifttum[150]. Die Einflüsse von Nutzerei-

---

[149] Innerhalb der gleich anzusprechenden Nutzungsarten der Kostenrechnungsinformationen entspricht das der konzeptionellen Nutzung.
[150] Dies gilt z.B. für die in der Fußnote 8 genannten Quellen.

genschaften und Nutzerverhalten auf die Informationsverwendung bilden aber für Informationssysteme allgemein eine typische, häufig untersuchte Fragestellung[151].
Zwei nutzerrelevante Merkmale seien als potenziell gestaltungsrelevant näher betrachtet[152]:

- *User Know-how*: Unter dem Begriff des User Know-hows wird der Grad der Kenntnis verstanden, die der Nutzer über das Informationsinstrument besitzt[153]. Bezogen auf die Kostenrechnung zählen hierzu sowohl die grundsätzlichen Merkmale (die Beziehungen zur externen Rechnungslegung, die verwendeten Zurechnungsprinzipien und deren Anwendungsbedingungen, die gewählte Form der Kostenauflösung und ihre Aussagefähigkeit) als auch die konkrete Ausprägung in Struktur und Inhalt. Eine intendierte, „fehlerfreie" Verwendung der Kosteninformationen ist nur dann zu erwarten, wenn das interne Kostenrechnungsmodell des Nutzers dem bei der Gestaltung der Kostenrechnung unterstellten entspricht.
Liegen Abweichungen vor, reicht das User Know-how also nicht aus, sind zwei Konsequenzen denkbar: Zum einen können Maßnahmen ergriffen werden, das Know-how-Defizit zu beseitigen, sei es durch ein vom Nutzer nicht gesondert wahrgenommenes permanentes Coaching (etwa im Rahmen von monatlichen Abweichungsgesprächen oder bei der Durchsprache von Berichten), sei es durch explizite Schulungsmaßnahmen. Sollte ein solcher Weg des Know-how-Aufbaus nicht zu erreichen sein[154], muss die Kostenrechnung selbst an das geringere Wissensniveau angepasst werden. Es besteht dann eine Vereinfachungsnotwendigkeit der Kostenrechnung, da zwischen Komplexität und Verständlichkeit ein unmittelbarer, negativer Zusammenhang besteht[155].

- *User Involvement*: Ein zweites wichtiges, eng mit User Know-how verbundenes Merkmal betrifft die Beziehung zwischen Nutzer und Produzent von Kostenrechnungsinformationen und beschreibt „den Grad des Einbezugs der Empfänger von Informationen in die Entwicklung und/oder Gestaltung des Informationssystems"[156]. Die Kenntnis der Kostenrechnung alleine muss nicht zu einer adäquaten Nutzung führen: Ein Manager mag – pointiert formuliert – viel über die Kostenrechnung wissen, aber wenig von ihr halten, z.B. weil sie

---

[151] Vgl. bezogen auf Marketinginformationen den Überblick bei Karlshaus (2000), S. 25-36.
[152] Vgl. zu einem umfassenden Überblick Aust (1999), S. 130-133, und die dort angegebene umfangreiche Literatur.
[153] Vgl. ausführlicher Karlshaus (2000), S. 146-148.
[154] Gründe hierfür können in zu hohen Kosten des Aufbaus liegen oder darin, dass ein Know-how-Aufbau vom Nutzer abgelehnt wird: Gerade bei hochrangigen Managern trifft man nicht selten auf eine Lernaversion bezüglich einfacher betriebswirtschaftlicher Tatbestände, die grundsätzlich jedem Manager bekannt sein sollten.
[155] Vgl. den empirischen Beleg bei Weber/Aust (1997), S. 19.
[156] Aust (1999), S. 132.

– anders als die externe Rechnungslegung – keiner systematischen Prüfung unterzogen wird.

Gestaltungsaussagen können hier nicht dahingehend erfolgen, wie die Kostenrechnung inhaltlich, sondern wie sie prozessual auszugestalten ist. Kostenrechner sollten auf die Nutzer der Kosteninformationen zugehen, diese mit in die Ausgestaltung der Kostenrechnung einbeziehen. Hieraus ergibt sich sowohl eine Steigerung des User Know-hows als auch eine Veränderung der Einstellung zum Instrument: Typischerweise wird einer solchen Einbeziehung eine positive Motivationswirkung zugesprochen („Beteiligte statt Betroffene").

Empirische Ergebnisse bezüglich des Einflusses von User Know-how und User Involvement auf die *Gestaltung* der Kostenrechnung liegen meines Wissens nicht vor. Allerdings finden sich Befunde bezüglich der *Wirkung* beider Größen[157] auf die Nutzung der Kostenrechnungsinformationen und die dabei wahrgenommene Dienstleistungsqualität:

- *User Know-how*: In der Studie von *Karlshaus* zeigt sich in einer Regressionsanalyse eine positive Beziehung zwischen dem Wissen des Kostenrechnungsnutzers (modelliert als Kompetenz) und den unterschiedlichen Nutzungsarten[158]. Allerdings bestätigt eine parallel durchgeführte Kausalanalyse diesen Zusammenhang nicht[159]. Auch in der auf Kommunen gerichteten Studie von *Hunold* ist ein solcher Einfluss nicht zu finden[160]: Das Nutzerwissen nimmt auf die Nutzung keinen Einfluss, weder auf Nutzungsarten noch auf Nutzungsintensität[161].

- *User Involvement*: *Aust* findet – basierend auf demselben Datensatz, wie ihn *Karlshaus* verwendet – einen regressionsanalytischen positiven Einfluss des User Involvements auf die Dienstleistungsqualität der Kostenrechnung[162]. Ein Zusammenhang ist auch für den kommunalen Kontext zu konstatieren; dort allerdings wirkt er stark negativ[163]; Gleiches gilt auch für den Einfluss auf die Dienstleistungsqualität[164]. Je mehr sich Nutzer der Kostenrechnung in Kom-

---

[157] Im Kontext von Kommunen besteht zwischen beiden Größen ein positiver Zusammenhang: Je mehr der Nutzer von der und über die Kostenrechnung weiß, desto mehr mischt er sich in ihre Gestaltung ein (vgl. Hunold (2003), S. 199f.).
[158] Vgl. Karlshaus (2000), S. 162. Vgl. zu den Nutzungsarten der Kostenrechnungsinformationen den nächsten Abschnitt dieser Untersuchung.
[159] Karlshaus (2000), S. 166.
[160] Vgl. Hunold (2003), S. 201.
[161] Ein solcher besteht allerdings zwischen dem Wissen des Kostenrechners und der Nutzung durch den Anwender (Hunold (2003), S. 201).
[162] Vgl. Aust (1999), S. 181.
[163] Vgl. Hunold (2003), S. 201.
[164] Vgl. Hunold (2003), S. 204.

munen in deren Gestaltung einmischen, desto stärker stören sie anscheinend das Instrument – mit entsprechend negativen Konsequenzen. Da insgesamt die Dienstleistungsqualität der Kostenrechnung positiv auf die prozedurale Rationalität des Führungsprozesses in Kommunen wirkt und diese wiederum die Wirtschaftlichkeit der Kommune wesentlich positiv beeinflusst, wird die Bedeutung der genannten Zusammenhänge klar.

3. Nutzungsarten

a) Konzeptionelle Analyse

Informationen können beim Empfänger in ganz unterschiedlicher Weise zu einer Erhöhung der Wissensbasis führen. Eng verknüpft damit ist die Frage, wozu die Informationen vom Empfänger verwendet werden. Beide Aspekte sind in einer Differenzierung von Nutzungsarten von Informationen kombiniert, die von *Menon/Varadarajan* stammt[165]:

- Informationen können direkt zur Willensbildung genutzt werden. In diesem Fall lösen sie unmittelbar Handlungen der Manager aus. Diese entscheidungsorientierte Nutzung wird *instrumentell* genannt.

- Darüber hinaus können Informationen das allgemeine Verständnis des Geschäfts und der Situation fördern, in der sich der Manager befindet. Die Informationen führen hier allerdings nicht zu konkreten Entscheidungen. Wenn die Informationen in dieser allgemeinen Weise die Denkprozesse und Handlungen der Manager beeinflussen, wird dies *konzeptionelle* Nutzung genannt.

- Eine dritte Art der Nutzung löst sich explizit von der Annahme, dass die Informationen zuerst vom Manager verarbeitet werden, um unmittelbar oder zu einem späteren Zeitpunkt in Kenntnis der Informationen Entscheidungen zu treffen. Von *symbolischer* Nutzung wird gesprochen, wenn die Informationen erst dann benutzt werden, wenn die Entscheidung an sich schon getroffen ist, und die Informationen dann zur Durchsetzung eigener Entscheidungen und Beeinflussung anderer Akteure eingesetzt werden.

Diese Differenzierung lässt sich mit dem im Abschnitt a) dargestellten Modell des individuellen und kollektiven ökonomischen Akteurs verbinden:

- Die instrumentelle Nutzung bezieht sich auf die Nutzung von Kostenrechnungsinformationen für konkrete Prognose- und Bewertungsprobleme. Dabei greift der Akteur auf ein vorhandenes internes Modell zurück, das stark von dem Modell der Kostenrechnung bestimmt wird.

---

[165] Vgl. Menon/Varadarajan (1992); vgl. zu ähnlichen Unterscheidungen z.B. Aust (1999), S. 74-76.

- Die konzeptionelle Nutzung ist nicht als Input auf ein vorhandenes internes Modell gerichtet, sondern dient dazu, ein solches anzustoßen und aufzubauen. Je mehr es einem Unternehmen gelingt, alle Führungskräfte und Mitarbeiter mit der Funktionsweise der Kostenrechnung vertraut zu machen, desto eher sind sie in der Lage, „dieselbe Sprache zu sprechen"[166]. Hiermit werden Kommunikationsprobleme beseitigt.

- Die symbolische Nutzung dagegen setzt bewusst eine Unterschiedlichkeit der internen Modelle der betrachteten, auf verschiedenen Ebenen angeordneten Akteure voraus. Diese Unterschiedlichkeit kann zum einen gewollt sein, um kognitiven Begrenzungen zu begegnen. Die hierfür passende Veranschaulichung ist die Frage „Wie sage ich es meinem Kinde"? Wenn ein Vorstand aus seiner strategischen Gesamtschau zu einer Entscheidung kommt, die einem drei Hierarchieebenen tiefer angesiedelten Abteilungsleiter vermittelt werden soll, so kann es der richtige Weg sein, anstelle der – vom Abteilungsleiter kaum nachvollziehbaren – strategischen Zielvorgaben Kostengrößen zu verwenden, wenn diese beim Abteilungsleiter zu den für die Strategieumsetzung notwendigen Handlungen führen. Allerdings kann symbolische Nutzung auch eine bewusste Manipulation zur Erreichung seiner eigenen Ziele durch den Manager bedeuten.

Alle drei Nutzungsarten stellen unterschiedliche Anforderungen an die Gestaltung der Kostenrechnung: Für die instrumentelle Nutzung werden exakte, differenzierte und problemspezifische Informationen benötigt. Dies erfordert c.p. einen komplexen Aufbau der Kostenrechnung, um den unterschiedlichen Fragestellungen der Manager genügen zu können. Dagegen verlangt die konzeptionelle Nutzung eine vergleichsweise einfache Gestaltung der Kostenrechnung: Je komplexer das System, desto schwerer fällt es, die „Kostenrechnungssprache" zu lernen[167]. Kostenrechnung muss in diesem Sinn eine Umgangssprache sein, keine Fachsprache, die nur von wenigen Spezialisten gesprochen wird. Für die symbolische Nutzung schließlich sind unterschiedliche Argumentationen möglich. Ist die Kostenrechnung hochkomplex, so lässt sich nur sehr schwer nachverfolgen, ob ein Kostenwert bewusst verändert (manipuliert) wurde oder nicht. So kann ein dezentraler Abteilungsleiter z.B. eine im Verhältnis zu anderen Abteilungen höhere Belastung mit Overhead dann nicht mehr erkennen, wenn die Kostenrechnung eine vielschichtige, eine Vielzahl von Umlagearten umfassende Gemeinkostenverteilung vor-

---

[166] Vgl. Pfaff/Weber (1998), S. 160.
[167] Bei genauerer Betrachtung müssen hier mehrere Lernebenen unterschieden werden (etwa vom Aussagenniveau „Jeder Faktorverzehr verursacht Kosten" bis zur Interpretation der Bedeutung eines spezifischen Deckungsbeitrags). Allerdings ginge eine solche Analyse über die Intentionen dieses Buches deutlich hinaus.

nimmt. Dies zu realisieren kann aber auch heißen, die Kostenrechnung nicht mehr als wichtiges, bindendes Informationsinstrument anzuerkennen, und zu versuchen, auf andere Steuerungsgrößen überzugehen.

b) Empirische Ergebnisse

Die Frage, wie Manager die Informationen der Kostenrechnung nutzen, ist empirisch noch wenig erforscht. Hier besteht – auch in Bezug zu vergleichbaren Fragestellungen im Marketing[168] – ein erheblicher Forschungsrückstand. Zwei aktuelle empirische Arbeiten liegen für den deutschsprachigen Raum vor, deren Ergebnisse kurz referiert werden sollen. Aussagen zur Nutzungshäufigkeit werden dabei kombiniert mit solchen zur Wirkung der Nutzungsarten. Beide Studien enthalten allerdings keine Aussagen zum Einfluss der Nutzungsart auf die Gestaltung der Kostenrechnung.

In der sog. „Koblenzer Studie"[169] zeigte sich, dass Manager die Kostenrechnung keinesfalls – wie von der Perspektive einer entscheidungsorientierten Kostenrechnung unterstellt – allein instrumentell nutzen. Vielmehr besteht die Hauptnutzungsart in der Erzielung eines besseren Verständnisses des Geschäfts und eines Überblicks über die Zusammenhänge im Unternehmen. Die symbolische Nutzung war in der Studie schließlich ähnlich ausgeprägt wie die Nutzung für konkrete Entscheidungen[170]. In der Analyse der Erfolgswirkung der Nutzungsarten (gemessen als relativer Marktanteil, der wiederum einen sehr starken Einfluss auf die Umsatzrendite besitzt), zeigt sich unerwartet ein negativer Zusammenhang zwischen der instrumentellen Nutzung von Kostenrechnungsinformationen und dem relativen Marktanteil[171]. Als Erklärung wird eine mangelnde Anpassung der Kostenrechnung an externe und interne Veränderungen genannt, die dazu führt, dass Kostenrechnungsinformationen das Management nicht adäquat unterstützen können[172]. Zwar wird ein geringer, signifikant positiver Zusammenhang zwischen der konzeptionellen Nutzung und dem Marktanteil nachgewiesen, dieser fällt aber weitaus schwächer aus als der negative Einfluss der instrumentellen Nutzung.

---

[168] Vgl. die Übersicht bei Karlshaus (2000), S. 34-36.
[169] Vgl. Homburg et al. (1998), S. 36-38.
[170] Karlshaus (2000), S. 165, weist dabei kausalanalytisch nach, dass die instrumentelle Nutzung sowohl die konzeptionelle als auch die symbolische Nutzung positiv beeinflusst. Eine Beeinflussung der symbolischen durch die konzeptionelle Nutzung ist nicht belegbar.
[171] Vgl. Karlshaus (2000), S. 178.
[172] Vgl. Karlshaus (2000), S. 179. Derartige Ergebnisse fordern – da kontraintuitiv – weitere empirische Forschung geradezu heraus. Insbesondere erscheint es fruchtbar zu untersuchen, ob der Einfluss durch eine intensivere Schulung der Nutzer im Umgang mit den Kosteninformationen zu bewältigen ist oder eine grundsätzliche Begrenzung einer laufenden Kostenrechnung besteht, auf spezifische Fragestellungen exakt „passende" Informationen zu liefern.

In der bereits angesprochenen Studie zur Kostenrechnung in Kommunen zeigen sich ähnliche Ergebnisse. Übereinstimmend bildet die konzeptionelle Nutzung die häufigste Nutzungsart. Jedoch zeigt sich im kommunalen Kontext eine deutlich gesteigerte Bedeutung symbolischer Nutzung: Die Kämmerer verwenden Kostenrechnungsinformationen ähnlich häufig symbolisch wie konzeptionell. Die instrumentelle Nutzung fällt dagegen deutlich ab[173]. Auch in Kommunen findet sich für die instrumentelle Nutzung ein negativer Einfluss auf die Erfolgsgröße, hier die Wirtschaftlichkeit der Kommune. Zwischen konzeptioneller und symbolischer Nutzung auf der einen Seite und Wirtschaftlichkeit konnte schließlich kein signifikanter Zusammenhang festgestellt werden[174].

III. Fazit

Wendet man sich von der Erfassungsaufgabe der Kostenrechnung ab und nimmt die Verwendung der erfassten Daten in den Fokus, zeigen sich zum einen zusätzliche, ungewohnte und in der einschlägigen Kostenrechnungsliteratur vernachlässigte Einflussfaktoren. Zum anderen nimmt die Stärke des Einflusses auf die Gestaltung der Kostenrechnung noch (deutlich) zu. Letzteres betrifft die primär abzudeckenden Rechnungszwecke, deren Auswahl bestimmend für die Wahl des anzuwendenden Kostenrechnungssystems sein kann. Hierzu findet sich in der Literatur eine ausgiebige Diskussion, die allerdings stark normative Züge trägt und zu wenig die empirische Realität berücksichtigt. Ein genauerer Blick in die Praxis zeigt so z.B. auf, dass ergebnisverantwortliche Manager Rechnungszwecke bevorzugen, die in der Theorie der Investitions-, nicht der Kostenrechnung zugewiesen werden.

Will man Managern kein irrationales Verhalten unterstellen, liefert ein Blick auf die Nutzungsarten von Informationen einen möglichen Erklärungsansatz: Manager greifen auf Kosten nicht primär für die Lösung konkreter Entscheidungsprobleme zurück, sondern dazu, einen Überblick über das von ihnen betriebene Geschäft zu erhalten (konzeptionelle Nutzung) oder anderen ihre Entscheidungen zu kommunizieren (symbolische Nutzung). Diese Gedanken aufgreifend muss das stark entscheidungsorientierte Denken der häufig als „modern" bezeichneten herrschenden Kostenrechnungsmeinung kritisch hinterfragt werden. Hiermit wird sich der Abschnitt IV. des folgenden Kapitels beschäftigen.

---

[173] Vgl. Hunold (2003), S. 145.
[174] Vgl. Hunold (2003), S. 225.

Kapitel 5: Weitere Kontextfaktoren der Kostenrechnung in einer verwendungsbezogenen Sicht

Im 4. Kapitel wurde die abbildungsorientierte Sicht des 3. Kapitels durch eine verwendungsorientierte Perspektive ersetzt. Diese soll auch in dem nun folgenden Kapitel beibehalten werden. Die hier zu diskutierenden Einflussgrößen sind nun jedoch (noch) deutlich grundlegender. Am Anfang steht die in der Literatur häufig postulierte Strategieabhängigkeit der Kostenrechnung. Dann folgen unterschiedliche Führungsmuster, d.h. es wird untersucht, ob die Kostenrechnung nicht – wie auch das Controlling – implizit auf einen bestimmten Koordinationskontext (Koordination durch Pläne) ausgerichtet ist und sich insofern für andere Kontexte nicht oder deutlich schlechter eignet. Diese Diskussion ist in der einschlägigen Literatur neu, aber – wie sich zeigen wird – reizvoll. Schließlich sei – noch tiefer gehend – nach der jeweils gewählten Theorie der Unternehmung gefragt, die den Aussagen über die Funktion und Gestaltung der Kostenrechnung zu Grunde liegt.

I. Verfolgte Unternehmensstrategie

1. Konzeptionelle Analyse

a) Einführung

Die grundsätzliche Frage, wie die Unternehmensstrategie auf die Teilbereiche der Führung wirkt, hat in der Literatur zum strategischen Management eine lange Tradition und hat mit den Arbeiten von *Chandler* einen exponierten Bezugspunkt[175]: Die Kernthese seiner Arbeit – die Unternehmensstruktur folgt der Unternehmensstrategie – prägte auch die häufig zitierte Aussage „Structure follows Strategy"[176]. Die Diskussion orientiert sich dabei an den Ergebnissen der Kontingenzforschung[177]. In ihrer einfachsten Form unterstellen frühe Arbeiten zur strukturellen Kontingenzforschung eine deterministische Beeinflussung der Unternehmensstruktur durch Kontextvariablen. Diese Auffassung wird von Lawrence/Lorsch (1969) auf die sogenannte „Kongruenz-Effizienz-Hypothese" erweitert: Eine Organisation ist um so effektiver, je höher die Kongruenz („Fit") zwischen ihrer Struktur und den sie beeinflussenden Kontextvariablen ist. Zu den bekanntesten Kontextvariablen, deren Einfluss im Rahmen empirischer Arbeiten auf die Unterneh-

---

[175] Vgl. zum Folgenden Homburg et al. (2000), S. 308f.
[176] Vgl. Chandler (1992), S. 14.
[177] Vgl. Müller-Stewens (1991), Sp. 2344.

mensstruktur untersucht wurde, gehören die (Produktions-)Technologie[178], verschiedene Umweltdimensionen[179] und die Unternehmensgröße[180].

Chandler betrachtet Strategie als hochgradig kontextspezifisch und verzichtet auf deterministische oder normative Aussagen über den anzustrebenden Zusammenhang zwischen Strategie und Struktur. Einer strukturellen Analyse werden Strategien erst durch weiterführende Arbeiten zugänglich. Die Unterscheidung in (Gesamt-) Unternehmensstrategien, Wettbewerbsstrategien und funktionale Strategien konkretisieren den jeweiligen Geltungsbereich der Strategien und ermöglichen eine differenziertere Untersuchung.[181] *Porter* begründet den Begriff der *generischen Wettbewerbsstrategie* als ein auf dem höchsten Abstraktionsniveau erkennbares Muster des Verhaltens im Wettbewerb.[182] Diese Konkretisierung des Strategiebegriffs führte zu einer Generalisierbarkeit der Aussagen und damit zur Entstehung zahlreicher Arbeiten mit vorrangig normativem Charakter sowie zur Entwicklung von Strategietypologien. Zwei Typologien, die besondere Aufmerksamkeit in Theorie und Praxis erfahren haben, sind *Porters* Kostenführerschafts-, Differenzierungs- und Konzentrations- bzw. Fokusstrategie[183] sowie die Unterscheidung in Prospector, Defender, Analyzer und Reactor nach *Miles* und *Snow*[184]. Die Existenz beider Strategietypologien wurde empirisch mehrfach belegt, allerdings ist die Gültigkeit der getroffenen Erfolgsaussagen umstritten.[185]

In der Kostenrechnungsliteratur finden sich mehrere Quellen, die den potenziellen Einfluss der verfolgten Strategie auf die Gestaltung der Kostenrechnung betrachten[186], allerdings nicht ausführlich diskutieren. Vorliegende Arbeiten beziehen sich dabei schwerpunktmäßig auf die *Porter*'sche Strukturierung.

b) Kostenrechnung im Rahmen der Porter'schen Wettbewerbsstrategien

Porter unterscheidet zwei Basisstrategien. *Kostenführerschaft* kennzeichnet das Bestreben, Markterfolg insbesondere über niedrigere Preise zu erreichen, als sie die Konkurrenten fordern. Kostenführerschaft ist oft verbunden mit Massenproduktion eines weitgehend standardisierten, nur in einer oder wenigen Variante(n) angebotenen Produkts, eine Produktion, die es erlaubt, economies of scale bzw. Erfahrungseffekte zu realisieren. Der

---

[178] Vgl. Woodward (1965); Pugh et al. (1969).
[179] Vgl. Burns/Stalker (1961); Lawrence/Lorsch (1969); Khandwalla (1973).
[180] Vgl. Pugh et al. (1969); Blau (1970).
[181] Vgl. Corsten/Will (1992), S. 185.
[182] Vgl. Porter (1980), S. 34.
[183] Vgl. Porter (1980), S. 34.
[184] Vgl. Miles/Snow (1978).
[185] Vgl. Hambrick (1983); Dess/Davis (1984); Govindarajan (1988); Miller/Dess (1993).
[186] Vgl. z.B. Weber (1990), Schweitzer/Friedl (1997). Vgl. auch den Überblick bei Frank (2000), S. 195-203.

Kostenführerschaft als Wettbewerbsstrategie steht die Strategie der *Differenzierung* gegenüber. Differenzierung geht auf die speziellen Bedürfnisse der Kunden ein und schafft bei diesen einen Zusatznutzen (z.b. durch die Möglichkeit, sich bei einem Automobil die Ausstattung individuell zusammenstellen zu können). Dieser Zusatznutzen gestattet es den Unternehmen, höhere Preise zu verlangen. Beide Strategievarianten können sowohl für den gesamten Absatzbereich eines Unternehmens (für alle belieferten Märkte) übereinstimmend, als auch selektiv für einzelne Marktsegmente unterschiedlich angewandt werden[187].

Unternehmen, die Kostenführerschaft erreichen wollen, müssen zum einen sehr genau dazu in der Lage sein, die Kosten ihrer Produkte zu bestimmen, dies sowohl im Sinne von Durchschnittskosten als auch – z.B. im Rahmen der Gewinnung von Marktanteilen – im Sinne von Grenzkosten (Preisuntergrenzen). Zum anderen erfordert Kostenführerschaft einen optimierten Produktionsablauf. Hierdurch gewinnen eine detaillierte kostenstellenbezogene Kostenplanung und -kontrolle bzw. ein straffes Kostenmanagement eine erhebliche Bedeutung. Auf der Ebene der organisatorischen Anforderungen impliziert dies eine klar gegliederte Organisation mit eindeutigen Verantwortlichkeiten sowie eine entsprechende Zahl an detaillierten Kostenberichten.[188] Ein vorwiegend quantitatives Anreizsystem sichert dabei mittels einer Ausschöpfung der Kostensenkungspotenziale bereits in der Planung die Einhaltung der Kostenziele. Dies wird durch die hohe Sicherheit bei der Kostenprognose und die Stabilität des Produktionsprozesses erleichtert. Zum Einsatz kommen in der Regel traditionelle Kostenrechnungsmethoden (beispielsweise Abweichungsanalysen in Verbindung mit der Plankostenrechnung), aber auch fallweise prozessorientierte Methoden zur Sicherstellung schlanker und effizienter Abläufe in primären wie sekundären Bereichen.[189]

Allerdings kann Kostenführerschaft auch zu einer Reduzierung von Umfang und/oder Differenzierung der Kostenrechnung führen, und zwar in der Intention, mit den damit eingesparten Kosten der Kostenrechnung einen Beitrag zum Kostenvorteil gegenüber Konkurrenten zu leisten („kleiner Verwaltungswasserkopf"). Beide konträren Konsequenzen des Kontextfaktors Wettbewerbsstrategie „Kostenführerschaft" lassen sich schließlich auch miteinander kombinieren, und zwar dann, wenn ein Unternehmen zur Erlangung der Position des billigsten Produzenten sehr stark auf Kostenrechnungsinstrumente zurückgreift, auf einem gefestigten, weitgehend optimierten Level der Produkti-

---

[187] Neben diesen beiden Wettbewerbsstrategien führt Porter noch die Strategie der Konzentration auf Schwerpunkte (z.B. Nischenmärkte) auf, für die jeweils als Untervarianten Kostenführerschaft und Differenzierung als Handlungsmöglichkeiten offen stehen. Als eigenständigem Kontextfaktor kommt der Konzentration auf Schwerpunkte damit keine Bedeutung zu.

[188] Vgl. Schweitzer/Friedl (1997), S. 459; Porter (1980), S. 40.

[189] Vgl. Hergert/Morris (1987); Horvath (1990); Steinmann/Guthunz/Hasselberg (1992), S. 1473.

onskosten dagegen zur weiteren Kostenreduzierung die Kostenrechnung wieder stark zurückführt.

Zu den Merkmalen einer *Differenzierungsstrategie* gehören Flexibilität, Kreativität und Innovationsfähigkeit auf Basis langjähriger Erfahrungen und einer überdurchschnittlichen Marketingkompetenz. Wesentlich ist die Schaffung kreativer Freiräume bei gleichzeitiger Koordination der Tätigkeiten in den Bereichen F&E, Produktentwicklung und Marketing. Das Anreizsystem basiert dabei eher auf qualitativen Informationen, insbesondere subjektiven Bewertungen, um ausreichende Freiräume für hochqualifizierte und kreative Mitarbeiter zu schaffen. Budgetabweichungen sind aufgrund des geringen Sicherheitsgrades der Prognosen über Umfang oder Struktur des Leistungsprogramms nicht zur Verhaltenssteuerung geeignet. Die Differenzierungsstrategie erfordert hohe Flexibilität auf Basis einer hohen Leistungskomplexität und eines relativ breiten Produktprogramms.[190] Informationen aus der laufenden Kostenrechnung liegen hierzu i. d. R. zu spät vor, so dass eine Steuerung auf der Ebene der Leistungsrechnung über Qualitäts- und Zeitkennzahlen dominiert. Idealtypisch stehen diese als operative Werttreiber in einer engen Verbindung zu finanziellen Größen.

Daten der Kostenrechnung spielen somit bei einer Differenzierungsstrategie c. p. eine deutlich geringere Rolle, was einen nur geringen Ausbaugrad nahe legt. Allerdings sollte man diese Aussage nur als eine Tendenz ansehen: Besteht beispielsweise die Differenzierungsrichtung in der Verbesserung der Lieferfähigkeit (Erhöhung der Liefergenauigkeit, Verkürzung der Lieferfristen), so muss das Unternehmen sehr genaue Kenntnis über die Kosten dieser Nebenleistung besitzen, dies zumindest im Zeitpunkt der Entscheidung, um wie viel denn die Lieferfähigkeit erhöht werden soll. Der Schwerpunkt der kostenrechnerischen Aufgaben rückt in diesen Fällen aus der Produktion hinaus in diejenigen Leistungsbereiche des Unternehmens, die für die Bereitstellung des Zusatznutzens verantwortlich sind (im Beispiel: in die Logistik).

c) Kostenrechnung im Rahmen des Strukturierungskonzepts von Miles und Snow

Die Typologie der Wettbewerbsstrategien von *Miles* und *Snow*[191] ist im angloamerikanischen Schrifttum eingeführt, in Deutschland allerdings deutlich weniger bekannt als die Strukturierung von *Porter*. Grundlage des Ansatzes ist eine Adaptionshypothese: Unter-

---

[190] Vgl. Schweitzer/Friedl (1997), S. 451.
[191] Vgl. Miles/Snow (1978).

nehmen passen sich Veränderungen der Umwelt permanent an. Hierbei entstehen Probleme, die sich drei Problemkreisen zuordnen lassen[192]:

- *Unternehmerische Probleme*: Hierzu zählt u.a. die Auswahl geeigneter Produkt-/Markt-Bereiche und der dafür benötigten Ressourcen.
- *Technologische Probleme*: Hierunter fällt u.a. die Auswahl der passenden Verfahren zu Produktion und Vertrieb.
- *Administrative Probleme*: Sie betreffen die Rationalisierung und Stabilisierung der ausgewählten Prozesse. „In diesen Bereich fallen auch normative Aussagen zur Ausgestaltung der Planungs- und Kontrollsysteme (also auch der Kostenrechnung) sowie zur Verwendung bestimmter Informationen. Diese weisen einen engen Bezug zum verfolgten Wettbewerbsvorteil auf".[193]

Zur Lösung dieser Probleme bilden sich innerhalb der einzelnen Branchen Reaktionstypen, die sich insbesondere in Hinblick auf die Anpassungsfähigkeit und -geschwindigkeit unterscheiden. *Miles* und *Snow* sehen hierfür folgende vier Typen:

- *Defender*: Unternehmen, die sich auf bestmögliche Leistungen in ihrem angestammten Geschäft konzentrieren.
- *Prospector*: Unternehmen, die in mehreren Produkt-Markt-Bereichen tätig sind und diese regelmäßig hinterfragen. Sie können deshalb schnell auf sich bietende Chancen reagieren.
- *Analyzer*: Unternehmen, die die Defender- und die Prospector-Vorgehensweise kombinieren (Anwendung jeweils einer Vorgehensweise in unterschiedlichen Märkten).
- *Reactor*: Unternehmen dieses Typs sind tendenziell risikoavers und reaktiv. In der Typologie von *Miles* und *Snow* gilt dieser Typ dysfunktional.

Allen vier Typen stellen sich – grundsätzlich – unterschiedliche Anforderungen an die Kostenrechnung[194]. Ein *Defender* hat das Kernproblem, sein angestammtes Geschäft gegen Konkurrenz zu behaupten. Dies wird durchweg beinhalten, die Effizienz der Leistungserstellung „im Griff" zu behalten und ständig zu erhöhen. Hierfür bietet sich bei hinreichend komplexen Leistungserstellungsstrukturen die Nutzung einer systematischen Kostenplanung und -kontrolle an. Ein *Prospector* besitzt die zentrale Herausforderung dagegen im Bereich von Innovation und ständiger Integration von Marktwissen. Eine

---

[192] Vgl. Miles/Snow (1986), S. 31ff.
[193] Frank (2000), S. 188.
[194] Vgl. – mit Bezug auf mittelständische Unternehmen – auch Frank (2000), S. 203-206.

Kostenrechnung mit ihren langwierigen Erstellungs- und Anpassungsdauern und der sie kennzeichnenden Innenperspektive ist auf diese Problemstellung nicht ausgerichtet bzw. kann das Management sogar dazu führen, falsche Schwerpunkte zu setzen. Für den *Analyzer* schließlich[195] besteht die Kunst darin, Stabilität im traditionellen Geschäft mit der Flexibilität und Innovation im Bereich neuer Marktchancen zu verbinden. Dies bedeutet für die Kostenrechnung, unterschiedliche Ausbaustände innerhalb desselben Systems zu realisieren, d.h. zuzulassen, dass die Planungs- und Kontrolllogik, -detaillierung und -intensität zwischen den verschiedenen Geschäften variieren kann bzw. variieren muss. Systemmäßig sind derartige Anforderungen leicht zu erfüllen. Sie setzen allerdings an die Interpretationsfähigkeit des dann inhomogenen Systems hohe Anforderungen.

2. Empirische Ergebnisse

Die Frage, ob und ggf. wie die Ausprägung der Kostenrechnung von der Strategie des Unternehmens abhängt, ist bisher in der Forschung nur wenig behandelt: „We know surprisingly little about the effects of strategy on management control systems or, alternatively, about how these systems affect strategy"[196]. Ein Überblick über die entsprechenden Arbeiten findet sich bei Frank[197]. Die Ergebnisse dreier Studien – die allesamt in dieselbe Richtung weisen – seien im Folgenden kurz referiert.

Die erste Studie beruht auf der bereits mehrfach angesprochenen sog. „Koblenzer Studie". *Homburg et al.*[198] untersuchten den Einfluss der Unternehmensstrategie auf die Kostenrechnung, folgend der *Porter'*schen Systematik. Insgesamt wurden – aufbauend auf konzeptionellen Überlegungen der vorab skizzierten Art – u.a. folgende Forschungshypothesen formuliert:

- Je konsequenter die Verfolgung einer Kostenführerschaftsstrategie, umso stabiler (weniger dynamisch) ist das Kostenrechnungssystem.
- Je konsequenter die Verfolgung der Differenzierungsstrategie, umso komplexer ist das Kostenrechnungssystem.
- Je konsequenter die Verfolgung der Differenzierungsstrategie, umso dynamischer ist das Kostenrechnungssystem.

Keine dieser Hypothesen wird durch die empirische Studie bestätigt. Insgesamt kann keinerlei Einfluss der Wettbewerbsstrategie auf die Gestaltung und Nutzung der Kostenrechnung festgestellt werden.

---

[195] Der *Reactor* sei als inferiorer Strategietyp nicht näher betrachtet.
[196] Simons (1990), S. 127. Diese Einschätzung gilt auch heute noch im Wesentlichen unverändert.
[197] Vgl. Frank (2000), S. 198-203.
[198] Vgl. Homburg et al. (2000).

Die beiden anderen Studien verwenden den Strukturierungsansatz von *Miles* und *Snow*. *Simon* (1987) untersucht die Beziehung zum finanziellen Steuerungs- und Anreizsystem (Management Control System). Er beschränkt sich dabei auf die Betrachtung der beiden Typen Defender und Prospector. Die Ergebnisse stehen zu den von *Miles* und *Snow* postulierten Zusammenhängen im Widerspruch.[199] Unternehmen, die eine Prospector-Strategie verfolgen und einen hohen Unternehmenserfolg aufweisen, verwenden feste Budgetziele, Planungsdaten und enge Kontrolle dieser Daten besonders intensiv, weisen allerdings eine geringe Nutzung der Kostenkontrolle auf. Große Firmen mit einer Prospector-Strategie verwenden ein regelmäßiges Berichtswesen und standardisierte Planungs- und Kontrollsysteme, während insbesondere große Defender Planungs- und Kontrollsysteme nur in geringem Umfang verwenden. In kleinen Defendern lässt sich dieses Verhalten nicht beobachten. Darüber hinaus lässt sich über alle Größenklassen in Defendern ein negativer Zusammenhang zwischen festen Budgetzielen und dem Unternehmenserfolg feststellen. In einer zweiten Untersuchung auf Basis mehrerer Fallstudien versucht *Simon* diesen Widerspruch aufzuklären.[200] Die Beschränkung auf die Betrachtung finanzieller Kontrollmechanismen scheint zu diesem widersprüchlichen Bild beizutragen. Allerdings sind die Begründungen spekulativ und insbesondere der Einfluss der Unternehmensgröße in Verbindung mit der Wettbewerbsstrategie bleibt unklar.

Die Studie von *Frank* (2000) liefert schließlich – bezogen auf mittelständische Unternehmen – ebenfalls keine Unterstützung der These, Kostenrechnung müsse sich den unterschiedlichen Anforderungen, die aus spezifischen Strategien resultieren, anpassen[201]. Die Nutzung der Kosteninformationen für Entscheidungen ist in allen Fällen nicht signifikant unterschiedlich. Außerdem wird die Kostenrechnung jeweils mit vergleichbarer Intensität betrieben. Unterschiede bestehen auch nicht – wie es zu erwarten gewesen wäre – hinsichtlich des Einsatzes der Plankostenrechnung. Schließlich stimmen die Komplexität und die Anpassungshäufigkeit der Kostenrechnung in allen vier Unternehmensgruppen überein.

3. Fazit

Die Analyse des Kontextfaktors „Unternehmensstrategie" liefert ein zunächst unbefriedigendes Ergebnis. Zwar liegen zum Zusammenhang in der Theorie nur wenige Arbeiten vor; diese treffen aber übereinstimmend die Aussage, dass ein Einfluss der Wettbewerbsstrategie auf die Kostenrechnung besteht, dem Rechnung zu tragen ist. Die Argumentationen sind nachvollziehbar und erscheinen schlüssig. In der Empirie erfahren diese kon-

---

[199] Vgl. Simons (1987).
[200] Vgl. Simons (1990). Zu anderen Erklärungsansätzen vgl. Dent (1990).
[201] Vgl. Frank (2000), S. 213-217.

zeptionellen Überlegungen allerdings durchweg keine Bestätigung. Hierfür könnte es mehrere Gründe geben:

- Unternehmen folgen nicht den in der Literatur genannten strategischen Grundpositionen, sondern nehmen mehrere Strategien parallel ein, so dass sich die Einflüsse gegenseitig ausgleichen. Dieses Argument wird aber in den zitierten Studien nicht bestätigt.

- Das Wissen über die Anpassungsnotwendigkeit der Kostenrechnung an die Unternehmensstrategie ist noch relativ neu; die Praxis braucht aber Zeit, bis sich diese Erkenntnis durchsetzt. Diese Argumentation erscheint grundsätzlich valide, hat es doch z.B. 30 Jahre gedauert, bis sich die Kapitalwertmethode in den Unternehmen durchgesetzt hat[202]. Sie erweist sich aber durchaus auch als gefährlich, weil ihre Gültigkeit dann erst in ferner Zukunft überprüft werden kann.

- Die Umsetzung der Strategien erfolgt nicht oder nur unwesentlich mittels des Instruments der Kostenrechnung, sondern durch andere Instrumente (z.B. die Balanced Scorecard). Geringe Bedeutung der Kostenrechnung an dieser Stelle wäre zumindest für einen Kostenrechner aber auch keine befriedigende Erklärung.

- Eng mit dem letzten Argument verbunden, könnte die Kostenrechnung schließlich nicht so genutzt werden, wie in der typischen Argumentation eines Zusammenhangs zwischen Unternehmensstrategie und Kostenrechnung unterstellt wird. Schon bei „normalen" Nutzungen der Kostenrechnung spielt – wie im Abschnitt zu den Nutzungsarten ausgeführt – eine instrumentelle Nutzung der Kostenrechnung nicht die bestimmende Rolle. Dies ist für Strategiezwecke noch deutlich weniger zu erwarten. Stellt man auf die Hauptnutzungsart der konzeptionellen Nutzung ab, ist für diese allerdings ein deutlich geringerer Einfluss unterschiedlicher Unternehmensstrategien zu konstatieren. Das von der Kostenrechnung zu vermittelnde Bild ist hier nicht so trennscharf, dass damit Unterschiede bezüglich einzelner Strategien generiert würden. Vermutlich liegt hierin die zutreffendste Einschätzung des empirischen Befundes.

II. Kostenrechnungserfahrung

Kostenrechnung ist – wie mehrfach angemerkt – in der einschlägigen Literatur als laufendes Informationssystem beschrieben. Dem folgt auch die Unternehmenspraxis. Fall-

---

[202] Vgl. Pritsch (2000), S. 376f.

weise Kostenrechnungen finden sich als alleinige Ausprägung nur selten und werden zumeist als Ergänzung der laufenden Kostenrechnung realisiert[203]. Eine laufende Durchführung der Kostenrechnung erscheint aus zwei Gründen heraus als selbstverständlich: Zum einen ist auch ihr erfolgswirtschaftliches Pendant, die Gewinn- und Verlustrechnung, als laufende Rechnung konzipiert. Zum anderen sind die oben genannten Rechnungszwecke der Kostenrechnung als fortdauernd, nicht sporadisch zu klassifizieren.

Kostenrechnung als laufende Rechnung zu betreiben, bedeutet aber nicht, sie im Zeitablauf unverändert lassen zu müssen. Abseits der bisher in dieser Untersuchung genannten Aspekte – insbesondere hinsichtlich der Veränderungsintensität – sei unter dem Konstrukt „Kostenrechnungserfahrung" eine Einflussgröße diskutiert, die an die Frage des Nutzens der Kostenrechnungsinformationen anknüpft und auch die Aussagen zum User Know-how fortführt.

Ausgangspunkt ist die Hypothese eines Analogieschlusses, der Übertragung des Lebenszykluskonzepts von Produkten[204] auf das betriebswirtschaftliche Instrument Kostenrechnung. Hinter der Produktlebenszyklusidee steht die Überlegung, dass der von einer Leistung gestiftete Nutzen für den Kunden erheblichen Veränderungen unterworfen sein kann. Zum Beginn des Lebenszyklus steht das Produkt ohne wesentliche Konkurrenz da bzw. bietet gegenüber bestehenden Produkten einen erheblichen Nutzenvorteil. Dieser ist den potenziellen Kunden bekannt zu machen und zu erklären. Positive Erfahrungen mit der Nutzung erschließen einen zunehmenden Kundenkreis. Die erzielten Gewinne führen zu Konkurrenzanstrengungen und stoßen Produktverbesserungen und -innovationen an. Schließlich wird das Produkt am Ende seines Lebenszyklus durch andere Produkte ersetzt.

Versucht man, diese Zusammenhänge auf die Kostenrechnung zu übertragen, so ließe sich wie folgt argumentieren: Bei der Einführung einer Kostenrechnung ist das Management (oder aktuell[205]: der Unternehmer im mittelständischen Kontext oder die Verwaltungsleitung in öffentlichen Institutionen) vom Nutzen des Informationsinstruments zu überzeugen. Ein Überzeugungsbedarf besteht auch in der ersten Phase der Nutzung. Könnensdefizite schaffen Nutzungsbarrieren, die zu überwinden sind. Wahrgenommener Nutzen führt zu einer Erhöhung der Nachfrage nach Informationen der Kostenrechnung. Der Nutzer erlernt zum einen das Instrument; zum anderen bekommt er – im Sinne einer konzeptionellen Nutzung – einen Eindruck über die Zusammenhänge des Geschäfts, etwa über die grundsätzliche Kostenstruktur. Dieser Lernprozess kann in toto angegangen werden oder aber schrittweise erfolgen. Letzteres bedeutet, die Kostenrechnung zunächst

---

[203] Vgl. zur Forderung eines expliziten, systematisch gestalteten Nebeneinanders von laufender und fallweiser Rechnung Weber (1996), S. 936.
[204] Vgl. zum Konzept des Produktlebenszyklus z.B. Brockhoff (1999), S. 120-124.
[205] In diesen Kontexten wird derzeit das Instrument Kostenrechnung neu eingeführt.

auf die Kostenschwerpunkte bzw. die wesentlichen Rationalisierungsbereiche auszurichten (z.B. auf den Güterproduktionsprozess) und sie dann sukzessiv auf weitere Felder (z.B. die Logistik oder repetitiv erbrachte administrative Dienstleistungen) auszudehnen.

Überschaut man die einschlägige Literatur, so ist exakt eine solche Entwicklung zu konstatieren. Die Kostenrechnung, wie sie überwiegend dargestellt wird, ist eine Kostenrechnung von industriellen Produktionsunternehmen und innerhalb dieser sehr stark auf die Fertigungsprozesse und deren Kosten ausgerichtet. Diese Schwerpunktbildung kommt nicht von ungefähr. Lange Zeit war die Produktion zum einen der Unternehmensbereich, der für den bei weitem größten Kostenblock verantwortlich zeichnete. Zum anderen waren die dort ablaufenden Prozesse noch nicht optimiert, so dass Kosteninformationen wesentliche Anstöße für Rationalisierungen liefern konnten. Die Kostenrechnung war kurz gesagt auf das wesentliche Rationalisierungspotenzial des Unternehmens ausgerichtet.

Diese Situation hat sich heute in vielen Unternehmen deutlich gewandelt. Die Kosten in der Fertigung sind kostenrechnerisch gut erschlossen und werden zunehmend stärker durch Investitionsentscheidungen vorbestimmt[206]. In dieser Situation wenden sich die Rationalisierungsbemühungen auf die bislang nur am Rande betrachteten Unternehmenssegmente, die auch in der Kostenrechnung bislang „stiefmütterlich" behandelt wurden. Hierzu zählen insbesondere die Logistik, die Instandhaltung, die betriebliche Datenverarbeitung und die Verwaltung. Damit ist die Kostenrechnung gefordert, sich verstärkt mit Dienstleistungen zu beschäftigen. Dies sollte nicht automatisch als Ausweitung des gesamten Aufgabenvolumens angesehen werden. Schwindende Rationalisierungspotenziale in der Produktion legen vielmehr eine Aufgabenverlagerung nahe: Gleichzeitig mit dem Eindringen in Gemeinkostenbereiche ist dann die Abbildungstiefe und -genauigkeit in der Produktion zu reduzieren.

Am Ende einer solchen Entwicklung kann im Grenzfall auch die Aufgabe des Instruments Kostenrechnung stehen: Haben Führungskräfte und Mitarbeiter die konzeptionellen Aussagen der Kostenrechnung gelernt und sollte die „Pflege eines Kostenbewusstseins" auch durch andere Instrumente möglich sein (z.B. durch die Kombination von Investitionsrechnungen zur Strukturveränderung und fallweisen Kostenanalysen innerhalb der Strukturnutzung), so ist auch der Verzicht auf eine laufende Kostenrechnung denkbar. Allerdings finden sich hierfür in der Unternehmenspraxis kaum Beispiele[207] – trotz der aktuellen instrumentellen Konkurrenz von Performance-Measurement-Systemen.

Explizite empirische Belege für einen derartigen Zusammenhang – und damit für die Übertragbarkeit des Lebenszyklusaspekts auf die Kostenrechnung – liegen meines Wissens

---

[206] Vgl. die Ausführungen im Abschnitt II. im 3. Kapitel zum Einfluss von Automatisierung der Leistungserstellung auf die Gestaltung der Kostenrechnung.
[207] Vgl. etwa den Hinweis bei Horváth (1991), S. 83.

nicht vor. In der bereits mehrfach zitierten empirischen Erhebung von *Hunold* findet sich ein positiver Zusammenhang zwischen dem Ausbaustand einer Kostenrechnung in Kommunen und der von ihr erzielten Dienstleistungsqualität[208]. Dies könnte als Indiz für die Gültigkeit der Lebenszyklusidee zumindest für die Phase der Einführung des Instruments gewertet werden. Allerdings besteht hier noch ein erheblicher Forschungsbedarf.

III. Dominanter Koordinationsmechanismus

Kostenrechnung auf spezifische Ausgestaltungen der Koordination eines Unternehmens zu beziehen, ist ein gänzlich neuer Ansatz. Er besitzt in der Controlling-Literatur seine Wurzeln[209] und wurde dort kürzlich intensiver diskutiert[210]. Die folgenden Ausführungen lehnen sich an diese Überlegungen an.

1. Überblick

Koordination bildet einen der Grundbegriffe der Betriebswirtschaftslehre, ja der Ökonomik insgesamt. Entsprechend vielfältig und kaum überschaubar umfangreich ist die Literatur, die sich mit Koordination beschäftigt. Trotz aller Unterschiedlichkeit im Detail lassen sich bestimmte Koordinationsformen, -instrumente oder -mechanismen als Muster sehr häufig wiederfinden. Sie seien der Strukturierung von Kieser/Kubicek (1992) folgend kurz referiert[211]. Aus dieser Ordnung werden nur die „strukturellen Koordinationsinstrumente"[212] ausgewählt[213], da von diesen die deutlichsten Wirkungen auf die Führungsgestaltung ausgehen, die wiederum – so die Hypothese – Einflüsse auf das Instrument Kostenrechnung ausübt.

Die vier anzusprechenden Koordinationsmechanismen unterscheiden sich zum einen in dem verwendeten „Kommunikationsmedium"[214]: Zwei Formen unmittelbarer persönlicher Koordination stehen zwei Mechanismen gegenüber, die unpersönliche Medien nutzen und als „technokratisch"[215] bezeichnet werden. Das jeweils zweite Gliederungselement ist nicht einheitlich gewählt: Im Falle der persönlichen Koordinationsformen prägt es sich als die Richtung des Kommunikationsflusses (vertikal versus horizontal) aus, im

---

[208] Vgl. Weber/Hunold (2002), S. 41.
[209] Vgl. die Diskussion bei Schäffer (1996), S. 28-32.
[210] Vgl. Weber (2003).
[211] Vgl. Kieser/Kubicek (1992), S. 103f., die auch Hinweise auf andere Strukturierungen geben.
[212] Kieser/Kubicek (1992), S. 117.
[213] Zu den „nicht-strukturellen" Koordinationsmechanismen zählen die beiden Autoren u.a. Organisationskultur und Rollenstandardisierung. Vgl. Kieser/Kubicek (1992), S. 117-126.
[214] Kieser/Kubicek (1992), S. 103.
[215] Kieser/Kubicek (1992), S. 104.

Fall der technokratischen Koordinationsformen bezieht es sich auf eine unterschiedlich weitgehende Einschränkung von Freiheitsgraden der Koordinierten.

Die unterschiedlichen Koordinationsmechanismen schließen sich nicht gegenseitig aus, sondern werden zumeist kombiniert miteinander oder auf spezielle Bereiche des Unternehmens bezogen parallel angewendet. Da sie für unterschiedliche Kontexte unterschiedlich leistungsfähig sind, trifft man auf sie in der Praxis in unterschiedlichen Intensitätsmustern. So ist für Großunternehmen die Koordination durch Pläne dominant, während kleinere mittelständische Unternehmen schwerpunktmäßig durch persönliche Weisungen geführt werden. Staatliche Institutionen sind weitestgehend programmkoordiniert, während sich die Koordination durch Selbstabstimmung in kreativen und/oder forschungsnahen, durch hohe Wissensdefizite gekennzeichneten Unternehmen findet.

2. Koordinationsmechanismus Pläne

Koordination durch Pläne als Form technokratischer Koordination lässt sich – wie angesprochen – als in größeren und großen Unternehmen dominierend feststellen. Pläne binden die Ausführenden durch die verbindliche Vorgabe von Zielen für die Aufgabenerfüllung; hierauf sind auch die Kontrollen bezogen. Der Erfüllungsprozess selbst wird dagegen nicht reglementiert und kontrolliert. Hiermit bestehen entsprechende dezentrale Freiheitsgrade.

Plankoordinierte Unternehmen verfügen über ein komplexes Geflecht von sach- und chronologisch geordneten Zielen, beginnend bei der strategischen Planung bis hin zur periodischen operativen Planung[216]. Pläne sind das zentrale Instrument, Führungskräfte und Mitarbeiter auf die Unternehmensziele auszurichten und deren Erfüllung (möglichst) zu gewährleisten. Damit dieses rational erfolgt, müssen geeignete Zielarten ausgewählt, die jeweilige Zielhöhe entsprechend bestimmt, anschließend die Ziele hinreichend verfolgt und schließlich die Ergebnisse dieser Anstrengung erfasst und adäquat zurückgekoppelt werden. Zielart, Zielhöhe, Zielakzeptanz und -verfolgung sowie Erfassung der Zielerreichung und -rückkopplung sind damit kritisch für die Effizienz und Effektivität einer Koordination durch Pläne. Für alle vier Aspekte liefert die Kostenrechnung eine wesentliche Hilfestellung:

- *Zielart*: Die operative Planung basiert durchweg auf Daten der Kostenrechnung. Erstere wäre ohne Letztere in der derzeitigen Form nicht denkbar.
- *Zielhöhe*: Für die Bestimmung der „richtigen" Zielhöhe hält die Kostenrechnung das Instrument der Kostenplanung bereit. Die hier ermittelten Sollkosten sind konkrete Lösungen des Problems. Für sie liegt in der Praxis eine überaus breite Erfah-

---

[216] Vgl. exemplarisch im Überblick Hamprecht (1996), S. 51-158.

rungsbasis vor. Erst ganz aktuell werden mit Benchmarks alternative Ansätze präsentiert, die allerdings nie flächendeckend vorliegen[217].

- *Akzeptanz der Ziele*: Sowohl die Ableitung von Zielwerten aus der Vergangenheit („Die Verwaltungskosten dürfen den Vorjahreswert nicht überschreiten") als auch die analytische Bestimmung von Kostenzielen schafft eine tragfähige Basis für Zielakzeptanz, da im ersten Fall der Machbarkeits"beweis" aus der Erfahrung vorliegt, im zweiten Fall die Sollwertbestimmung rational nachvollziehbar und kommunizierbar erfolgt[218].

- *Messung und Rückkopplung der Zielerreichung*: Auch dieser Aspekt ist ein zentrales Merkmal der Plankostenrechnung, die somit alle genannten Anforderungen einer funktionsfähigen Koordination durch Pläne erfüllt.

Probleme ergeben sich für die Kostenrechnung erst dann, wenn die Koordination auf Plänen basiert, die entweder längere oder deutlich kürzere Planungshorizonte umfassen, oder wenn Pläne nicht nur bzw. nicht dominant auf monetäre Ergebnisse gerichtet sind. Längere Planungshorizonte könnten aus der bereits angesprochenen stärkeren Festlegung der Kosten durch Investitionsentscheidungen resultieren, kürzere auf eine Erhöhung der Veränderungsgeschwindigkeit des Kontextes zurückzuführen sein. Das Nebeneinander von monetären und nicht-monetären Zielen bzw. der Ersatz Ersterer durch Letztere findet sich sowohl im Konzept der Balanced Scorecard als auch dem der Werttreiberhierarchien. Schließlich ist auch auf Bemühungen zu verweisen, die operative Planung zu vereinfachen. In seiner „radikalen" Variante des „Beyond Budgeting" bedeutet dies eine sehr weitgehende Hinwendung zu einem persönlichen Koordinationsmechanismus, der Koordination durch Selbstabstimmung, die als nächste angesprochen sei[219].

3. Koordinationsmechanismus Selbstabstimmung

Bei einer *Koordination durch Selbstabstimmung* wird die Abstimmungsaufgabe durch Gruppenentscheidungen bewältigt, die für die Gruppe verbindlich sind. Objekte der Koordination können sowohl Ausführungsprozesse wie auch Ergebnisse dieser Prozesse sein. Der Vorteil einer Selbstabstimmung liegt u.a. in der motivationsfördernden hohen Akzeptanz der getroffenen Entscheidung. Allerdings ist der Aufwand zur Lösungsfindung erheblich. Er erweist sich insbesondere dann als effizient, wenn für die Lösung die

---

[217] Vgl. die Diskussion bei Weber (2004), S. 84-86 und S. 476-481.
[218] Hierin sind beide Kostenwerte Benchmarks und – deutlich stärker noch – normativ gesetzten Zielen überlegen.
[219] Vgl. zu einem Überblick über die aktuellen Vorschläge zur Veränderung der „traditionellen" Budgetierung Weber/Linder (2003).

kognitive Kapazität eines Einzelnen nicht ausreicht. Dies ist – wie ausgeführt – insbesondere in Kontexten hoher Wissensdefizite effizient. Diese finden sich z.B. in Forschungseinrichtungen oder innovationsgetriebenen Start-ups (Gründerteams).

Zentrales Erfolgskriterium einer Koordination durch Selbstabstimmung ist die Fähigkeit der Gruppe, die unterschiedlichen Wissenselemente der einzelnen Gruppenmitglieder zu einer Gesamtsicht der Gruppe zu verbinden und damit dem hohen Wissensdefizit hinreichend gerecht zu werden[220]. Hierzu bedarf es zum einen einer problemadäquaten Zusammenstellung unterschiedlicher Wissensbasen[221], was entsprechende Rückwirkungen auf die Auswahl und Zahl der Wissensträger hat. Zum anderen muss der Prozess der Selbstabstimmung einen hinreichenden Austausch der Wissenselemente und ihre adäquate Verknüpfung zulassen. Hiervon sind sowohl die kommunikativen Fähigkeiten der Gruppenmitglieder als auch die Gestaltung des Prozessablaufs selbst betroffen.

Fragt man nach einem möglichen Beitrag der Kostenrechnung in einem derartigen Umfeld, zeigt sich ein gänzlich anderes Bild als im Fall einer Koordination durch Pläne. Kostenrechnung setzt ein hohes Wissen bezüglich Produktionsfunktionen und ihrer Bewertung voraus. Dies liegt im Kontext hoher Wissensbeschränkungen nicht vor. Damit kann die Kostenrechnung kein für die Lösungsfindung valides Erfahrungswissen einbringen. Folglich hat sich eine Kostenrechnung an Hochschulen ebenso wenig flächendeckend durchgesetzt wie in F&E-Abteilungen[222]. Auch in jungen E-Business-Unternehmen, die häufig hohen Wissensdefiziten ausgesetzt sind (waren), spielt die Kostenrechnung eine untergeordnete Rolle[223]. Es verbleibt als potenzieller Nutzen nur die Funktion, die Kostenperspektive bei neuen kreativen Lösungen nicht gänzlich außer Acht zu lassen (im Sinne eines „ceterum censeo"). So findet sich z.B. bei *Brettel* der empirische Befund, dass Start-ups mit Businessplan erfolgreicher sind als solche ohne[224], auch wenn die Pläne ex post betrachtet sehr häufig wenig Bestand haben.

4. Koordinationsmechanismus persönliche Weisungen

Der zweite Typus personenorientierter *Koordination* ist der *durch persönliche Weisungen*. Die Koordinationsaufgabe obliegt hier jeweils der einzelnen Führungskraft; sie hat

---

[220] Vgl. dazu ausführlich Kehrmann (2002), S. 65-82, und die dort aufgeführte umfangreiche, z.T. auch empirische Literatur. Die Grenzen eines solchen Ausgleichs werden unter dem Begriff der „Inkommensurabilität" diskutiert. Vgl. umfassend Lueken (1992).
[221] Z.B. unterschiedlicher Technologien zur Kreierung einer technischen Innovation.
[222] Dies trotz entsprechender Forderungen in der Theorie (vgl. für Hochschulen etwa bereits WIBERA (1992), für F&E Brockhoff (2002), Sp. 603f.). Allerdings finden sich in beiden Anwendungsbereichen starke Ungleichgewichte der Erfassungs- und Zuordnungsprobleme der Kostenrechnung zwischen der Forschung einerseits und der Lehre und Entwicklung andererseits.
[223] Vgl. Weber/Freise/Schäffer (2001), S. 27f.
[224] Vgl. Brettel (2003), S. 242f.

sie in eigener Verantwortung, ohne Zuhilfenahme fester Vorgaben, zu erfüllen. Die getroffenen Anweisungen können sich dabei sowohl auf den Ausführungsprozess selbst beziehen (z.b. Vorgabe einer bestimmten Maschinenbelegung zu einem bestimmten Zeitpunkt), als auch das mit der Ausführung zu erzielende Handlungsergebnis bestimmen (z.B. Fertigstellung des Werkstattloses bis zum Zeitpunkt t). Die Kontrolle bezieht sich entsprechend auf den Handlungsprozess und/oder das Handlungsergebnis. Koordination durch persönliche Weisungen ist ein sehr flexibler, leicht zu gestaltender Koordinationsmechanismus; er findet die Grenze seiner Anwendung in den Informationsverarbeitungsfähigkeiten der einzelnen Führungskräfte (Überlastung bei steigender Komplexität und Dynamik der Führungsaufgabe) und in der Akzeptanz durch die Geführten (Ablehnung einer „ungeregelten" Führungstätigkeit)[225].

Auf den Koordinationsmechanismus „persönliche Weisungen" trifft man – wie bereits angesprochen – häufig im Mittelstand. Als Erfolgskriterien mittelständischer Führung werden insbesondere eine hinreichende Informiertheit des Unternehmers als wichtiger Input der Willensbildung, ein ausgewogenes Zusammenspiel von Intuition und Reflexion[226] im Prozess der Willensbildung und eine hinreichende „Bindungsfähigkeit" der Mitarbeiter im Rahmen der Willensdurchsetzung[227] diskutiert. Mehrere Schritte dienen dazu, dieses zu erreichen. Hierzu zählen u.a. eine stärkere Formalisierung des Entscheidungsprozesses zur Erhöhung von Transparenz und Berechenbarkeit des Führungsverhaltens, die Steigerung des Anteils reflexiver Willensbildung und die stärkere Nutzung von Plänen zur Kommunikation des gebildeten Willens[228]. Beide letzteren Aspekte wirken sich nicht nur „nach innen" positiv auf den Führungserfolg aus[229], sondern treffen auch zunehmend von außen an das mittelständische Unternehmen herangetragene Anforderungen, insbesondere im Bereich der Fremdkapitalfinanzierung[230].

Führt man sich die letzten Aussagen vor Augen, wird die potenziell hilfreiche Rolle einer Kostenrechnung deutlich[231]. Gelingt es, die Komplexität der Rechnung zu begrenzen[232]

---

[225] Vgl. zu den Effizienzbedingungen bzw. -bereichen auch Weber/Liekweg (2001), S. 478-480.
[226] Grundsätzlich lässt sich ein positiver Einfluss reflexiver Willensbildung auf den Erfolg mittelständischer Unternehmen zeigen (vgl. z.B. Smith/Gannon/Grimm/Mitchell (1988), S. 230f.). Allerdings finden sich auch Indizien für einen sinnvollen Einsatz intuitiver Entscheidungsfindung. Vgl. Reitmeyer (1999), S. 127f.
[227] Diese betrifft die Akzeptanz der Autorität des Unternehmers ebenso wie das Verständnis für die Führungsentscheidungen. Empirisch zeigt sich, dass von der Transparenz und Berechenbarkeit des Unternehmers im Führungsprozess ein positiver Einfluss auf den Unternehmenserfolg ausgeht. Vgl. Weber/Reitmeyer/Frank (2000), S. 61f.
[228] Vgl. Reitmeyer (1999), S. 174-187.
[229] Vgl. als Postulat dieses Zusammenhangs Horváth/Weber (1997), S. 356, zum empirischen Beleg Reitmeyer (1999), S. 171.
[230] Nach der neuen Baseler Eigenkapitalvereinbarung („Basel II") müssen Banken eine differenzierte Eigenkapitalhinterlegung bei Firmenkundenkrediten vornehmen. Dies bedeutet eine individuelle Risikoeinschätzung. Hierfür sind entsprechende Unterlagen des Unternehmens erforderlich.
[231] Vgl. ausführlich Weber/Reitmeyer/Frank (2000), S. 242-247.

und dem Unternehmer die Möglichkeiten und Grenzen[233] dieses Informationsinstruments zu vermitteln, so kann eine Kostenrechnung wichtige Transparenz über die Struktur des Kostenanfalls und der Leistungsentstehung erzeugen und damit reflexive Willensbildung fördern. Zudem ist sie eine in hohem Maße geeignete Basis dafür, persönliche Weisungen des Unternehmers zunehmend durch Pläne bzw. durch Zielvorgaben zu ergänzen. Hiermit wird zugleich die Basis geschaffen, um einen insbesondere bei starkem Größenwachstum erforderlichen Wechsel des dominanten Koordinationsmechanismus von persönlichen Weisungen auf Pläne vorzubereiten[234].

5. Koordinationsmechanismus Programme

Die zweite der beiden Formen technokratischer Koordinationsinstrumente, die *Koordination durch Programme*, lässt sich mit dem Begriff „Bürokratie" veranschaulichen. Die Koordinationshandlungen werden vorab in Inhalt und Ablauf festgelegt und im Falle ihrer Notwendigkeit „programmgemäß" ausgeführt. Die Kontrolle bezieht sich entsprechend auf die Einhaltung der Regeln und ist damit handlungsprozessbezogen. Voraussetzung für die Anwendbarkeit einer solchen Abstimmungsform sind stabile Umweltzustände; nur dann ist es möglich – und effizient –, die potenziell auftretenden Koordinationsprobleme vorab zu analysieren und Standards für ihre Lösung zu formulieren. Folglich findet eine Koordination durch Programme ihre Grenze in einer zu hohen Dynamik der Führungsaufgabe. Zudem „passt" sie nur noch sehr beschränkt auf das Selbstverständnis von Führungskräften („intrapreneur").

Maßgebliches Erfolgskriterium einer Koordination durch Programme ist zum einen die Fähigkeit, die richtigen, d.h. problemadäquaten Regeln zu formulieren, die die Willensbildung der zur Programmsetzung Berechtigten abbilden und in konkrete Vorschriften, Richtlinien, Verordnungen oder Gesetze transformieren. Damit fallen Willensbildung und Willensdurchsetzung im Gegensatz zu allen anderen Koordinationsmechanismen idealtypisch[235] zusammen[236]. Zum anderen muss erreicht werden, dass die Aufgabenträger zur Regelausführung geeignet sind (Ausführungskönnen) und die Regeln tatsächlich befolgen (Ausführungswollen).

---

[232] Dies bedeutet insbesondere, nicht der Versuchung von Standardsoftware zu erliegen, die mittlerweile (fast) beliebig komplexe Lösungen ermöglicht.
[233] Insbesondere ist die – begrenzte – Bedeutung von Kostenrechnungsinformationen im Verhältnis zu marktbezogenen und anderen nicht-finanziellen Größen zu vermitteln.
[234] Vgl. zu einem solchen Übergang ausführlich Weber (1995).
[235] Idealtypisch deshalb, weil die Regelungsdetaillierung nie so hoch sein kann, dass damit alle Freiheitsgrade für die Regelausführung beseitigt sind. Verwaltungshandeln schließt damit immer Ermessen des Handelnden mit ein. Allerdings werden diese Ermessensspielräume zunehmend – z.B. über Gerichtsverfahren – reduziert.
[236] Präziser: Die Willensdurchsetzung wird zusammen mit der Willensbildung „uno actu" festgelegt.

Programmkoordinierte Institutionen (insbesondere öffentliche Verwaltungen) oder Bereiche im Unternehmen benötigen eine Kostenrechnung für die laufende Realisierung ihrer Leistungserstellung *nicht*. Die Ausführenden besitzen – idealtypisch – keine Freiheitsgrade, so dass lediglich Kontrollen der Regeleinhaltung erforderlich sind. Kosteninformationen werden allerdings für die Formulierung von Regeln benötigt. Sie sind dann jeweils spezifisch, auf den konkreten Einzelfall bezogen (etwa im Rahmen der Folgekostenbestimmung eines neuen Gesetzes). Kostenrechnerisches Know-how ist dann ebenfalls fallweise bereitzustellen, was entsprechende Könnensprobleme befürchten lässt.

Die Implementierung einer laufenden Kostenrechnung innerhalb programmkoordinierter Einheiten macht nur aus zwei Gründen heraus Sinn: Zum einen kann die Verpflichtung bestehen, Leistungsentgelte zu begründen. In diesem Sinne fanden sich seit jeher in Kommunen kostenrechnende Einheiten. Zum anderen kann die Einsicht wachsen, dass eine Programmkoordination – aus unterschiedlichen Gründen heraus – in näherer Zukunft an Effizienz- und Effektivitätsgrenzen stößt und ein Übergang zu einem anderen Koordinationsmechanismus erfolgen muss. Beispiele für eine solche Situation finden sich im öffentlichen Bereich, der unter dem Stichwort „New Public Management" verstärkt Elemente einer Plankoordination implementiert. Hier kann die Einführung einer Kostenrechnung die notwendigen Basisinformationen zur Zielbildung und operativen Planung ebenso liefern, wie die Mitarbeiter an die neue Koordinationsform heranführen (etwa Ersatz des zahlungsorientierten Denkmodells der Kameralistik durch die Idee der kalkulatorischen Ergebnisrechnung, wie sie die Kostenrechnung repräsentiert).

6. Fazit

Kostenrechnung mit Koordinationsmechanismen in Beziehung zu setzen, ist in der einschlägigen Kostenrechnungsliteratur gänzlich unüblich. Die Analyse hat gezeigt, dass die Gründe in der impliziten Unterstellung einer vorherrschenden Koordination durch Pläne zu suchen sind. Insbesondere die Plankostenrechnung setzt eine solche voraus, ist auf sie ausgerichtet bzw. macht ohne sie keinen Sinn. Ebenfalls konnte gezeigt werden, dass die Kostenrechnung in anderen Koordinationskontexten deutlich weniger Eignung aufweist, ja im Grenzfall eine kontraproduktive Wirkung erzielt.

Von generellen Forderungen nach Implementierung und Betrieb einer Kostenrechnung sollte deshalb Abstand genommen werden. Kostenrechnung im Mittelstand eingeführt ist dann ineffizient, wenn der Unternehmer die gelieferten Informationen nicht für seine Willensbildung nutzt und/oder auf ihrer Basis persönliche Weisungen durch Pläne ergänzt oder ersetzt. Kostenrechnung in einer Behörde einzuführen, ohne dezentrale Freiheitsgrade einzuräumen und das Steuerungsprinzip des Haushalts und der darauf ausgerichteten Kameralistik aufzuweichen bzw. zu verändern, führt nur zu unnötigen Kosten und vermutlich zu Demotivationseffekten für die Mitarbeiter. Die Implementierung einer Kostenrechnung kann dagegen aber ein wesentlicher Schritt auf dem Weg in eine Koordination durch Pläne sein, diese vorbereiten und in ihrer Funktionsfähigkeit absichern. Exakt hier liegen in der Zukunft wichtige Aufgabenfelder der Kostenrechnung.

IV. Zugrunde gelegte Theorie der Unternehmung

Als letzter Einflussfaktor auf die Gestaltung der Kostenrechnung sei die Theorieperspektive betrachtet, aus der heraus die Unternehmung und die in ihr ablaufenden Vorgänge betrachtet werden. Kostenrechnung unter einer so grundsätzlichen Fragestellung zu betrachten, ist in der einschlägigen Literatur unüblich; in keinem der gängigen Lehrbücher findet man eine aus einer solchen Perspektive heraus geführte Diskussion. Dennoch nehmen die Autoren – implizit oder explizit[237] – Theoriepositionen ein, auf deren Basis sie argumentieren und die den Argumentationsgang wie die Ergebnisse der Argumentation wesentlich bestimmen. Eine solche Theorieabhängigkeit wird sich generell zeigen. Ihr kommt für die Fragestellung dieser Untersuchung eine entscheidende Rolle zu.

Aus dem Spektrum möglicher Theorieansätze seien im Folgenden die beiden Zweige ausgewählt, die zum einen die Theoriediskussion allgemein wesentlich bestimmt haben, zum anderen auch innerhalb der Kostenrechnung eine erhebliche Bedeutung besitzen.

1. Produktions- und entscheidungsorientierte Betriebswirtschaftslehre

a) Kurzcharakterisierung des Ansatzes

Das Konzept der entscheidungsorientierten Betriebswirtschaftslehre lässt sich als die ab den siebziger Jahren des letzten Jahrhunderts bedeutsamste theoretische Sichtweise innerhalb der deutschen Science Community erkennen. Es ist wesentlich mit dem Namen von Edmund *Heinen* verbunden. Als *Gutenberg*-Schüler fußt er seine Überlegungen auf den produktionstheoretischen Grundlagen seines Lehrers, erweitert diese allerdings um die Einbeziehung des Menschen und seiner Zusammenarbeit[238]. Während *Gutenberg* den „dispositiven Faktor" eigenschaftsbezogen bewusst unmodelliert lässt[239], zielt *Heinen*

---

[237] Vgl. als Beispiel für ein konsequent aus einer Theoriesicht (Prinzipal-Agenten-Theorie) verfasstes Buch Ewert/Wagenhofer (2003).
[238] Vgl. Heinen (1968), S. 1.
[239] Vgl. Gutenberg (1989), S. 40f.

darauf ab, Erkenntnisse u.a. der Sozialpsychologie, der Soziologie oder der Psychologie zu integrieren. Der Mensch wird in seinem sozialen Kontext und seinen vielfältigen Beschränkungen berücksichtigt. Innerhalb dieses Rahmens wird ihm allerdings ein (weitestgehend) rationales Handeln unterstellt[240].

Grundlegender – und namensgebender – Ansatz ist die Sicht der Unternehmensführung als Treffen und Durchsetzen vielfältigster Entscheidungen: **„Die entscheidungsorientierte Betriebswirtschaftslehre versucht, die Phänomene und Tatbestände der Praxis aus der Perspektive betrieblicher Entscheidungen zu systematisieren, zu erklären und zu gestalten"**[241]. Sie will „die betrieblichen Entscheidungsträger anregen, sich jeweils die Entscheidungssituation klar zu machen, die verfügbaren Informationen zu beschaffen, die mit den einzelnen Handlungsalternativen verbundenen möglichen Ergebnisse und deren Wahrscheinlichkeiten zu ergründen und sich schließlich in einer rationalen Wahl zu entscheiden"[242]. Die Schwerpunkte des Ansatzes liegen also in der Modellierung unterschiedlichster Entscheidungstatbestände und deren Lösung.

Betrachtet man die vielfältigen Arbeiten im Kontext der entscheidungsorientierten Betriebswirtschaftslehre, so spielen die anfangs angesprochenen Eigenschaften von Menschen allerdings bei näherem Hinsehen nur eine eingeschränkte Rolle. Der wesentliche Unterschied zwischen den Arbeiten von *Gutenberg* und dem Ansatz von *Heinen* liegt vielmehr in der Einbeziehung von Zielen. Diese werden als gegeben angenommen, nicht kritisch hinterfragt. Mit anderen Worten wandelt sich der Erklärungsansatz von *Gutenberg* zu einem Entscheidungsansatz bei *Heinen*[243], wobei Letzterer weitgehend auf Ersterem aufbaut.

b) Bezug zur Kostenrechnung

Die soeben getroffene Einschätzung gilt auch und insbesondere für die Kostenrechnung. Diese verbindet *Heinen* im angesprochenen Einführungswerk aus dem Jahr 1968 sehr eng mit der Produktionstheorie[244]. Hinweise auf Eigenschaften von Menschen finden sich dort nicht. Dies gilt auch knapp 25 Jahre später für seinen Beitrag in der 9. Auflage des Sammelbandes Industriebetriebslehre[245].

---

[240] Vgl. Heinen (1968), S. 34-45.
[241] Heinen (1991), S.12 (Hervorhebungen im Original).
[242] Diederich (1992), S. 24. Die genannten „Anregungsobjekte" beziehen sich dabei auf die ersten drei Phasen eines von Heinen verwendeten vierstufigen Entscheidungsprozesses (Anregung, Suche, Optimierung, Durchsetzung). Vgl. Heinen (1968), S. 49.
[243] Vgl. Bellinger (1993), Sp. 74f.
[244] Vgl. Heinen (1968), S. 168-189.
[245] Vgl. Heinen/Dietel (1993).

Die Kostenrechnung wird somit im Kontext der entscheidungsorientierten Betriebswirtschaftslehre als ein Instrument zur Fundierung und Kontrolle unternehmerischer Entscheidungen gesehen, das seinen Gestaltungsimpuls aus diesen Entscheidungen, nicht aus dem Verhalten der Träger der Entscheidung gewinnt. Die Eignung der Kostenrechnung wird folglich daran bemessen, ob bzw. wie sie zur Beantwortung der *Frage* geeignet ist, *welche Kosten von einer bestimmten Entscheidung ausgelöst anfallen werden bzw. für eine bestimmte Entscheidung angefallen sind.* Diese Sichtweise hat in der einschlägigen Literatur eine weite Verbreitung gefunden; „entscheidungsorientierte Kostenrechnung" lässt sich als das vorherrschende Kostenrechnungs-Paradigma ansehen.

Kostenrechnung als Entscheidungsinstrument „des Unternehmens" baut auf den Grundideen der im Abschnitt III. vorgestellten Messsicht, d.h. einer objektiv erfassbaren wirtschaftlichen Realität und einer Beobachterunabhängigkeit der Messung auf[246]. Sie verwendet – wie angesprochen – ein leistungs- bzw. produktionswirtschaftliches Grundmodell[247]. Die zulässigen Zuordnungsvorschriften werden eingegrenzt auf das Marginalprinzip bzw. das Identitätsprinzip. Der Dokumentationszweck tritt in seiner Bedeutung gegenüber der Unterstützung von Planung und Kontrolle zurück. Diese Ausrichtung hat zwei wesentliche Konsequenzen:

- Zum einen bedeutet sie die Notwendigkeit, Entscheidungen und Entscheidungsfelder zu bestimmen bzw. zu klassifizieren. Zumeist (und zumeist implizit) wird dabei auf denjenigen Entscheidungsumfang abgestellt, der im Rahmen der periodischen operativen Unternehmensplanung anfällt. Damit wird die Kostenplanung in die Unternehmensgesamtplanung integriert bzw. kann auf diese zurückgreifen (z.B. Ableitung von Produktions- aus Absatzplänen). Zugleich übernimmt sie die Freiheitsgrade einer jahresbezogenen Planung; entscheidungsrelevant sind Kosten nur dann, wenn sie sich durch Dispositionen im Kontext der operativen Planung beeinflussen lassen. Damit wird z.B. ein großer Teil der Personalkosten in Fertigungskostenstellen entscheidungsrelevant, da die entsprechenden personellen Ressourcen bei (signifikanten) Veränderungen des Faktorbedarfs angepasst werden können (Freisetzung oder Umsetzung). Zugleich resultieren Grenzen der Aussagefähigkeit bei „wirklichen" Marginalentscheidungen (Kostenveränderung bei Annahme eines Zusatzauftrags[248]).

---

[246] Sie bedeutet, dass die abgebildete Realität nicht (nennenswert) durch die Messung beeinflusst wird. Eine Beobachterabhängigkeit läge etwa dann vor, wenn die Prognose von Kosten im Bereich der Plankostenrechnung aufgrund unerwünschter Werte zu einer Veränderung der Kostenfunktion (etwa durch vorzunehmende Rationalisierungsmaßnahmen) führen würde.

[247] Betrachtet wird im Kern ein Leistungserstellungsprozess, der der Folge „Input – Prozess – Output" gehorcht und durch eine Sach- oder Dienstleistungs-Produktionsfunktion beschrieben werden kann.

[248] Für einzelne (marginale) Kapazitätsnutzungen ist ein Großteil der variablen Kosten fix.

- Zum anderen löst sich die Kostenrechnung von der Messung beobachteter wirtschaftlicher Realität: Entscheidungen sind stets zukunftsbezogen; ihre Fundierung erfordert somit eine Vorhersage künftig anfallender Kosten. Diese Aufgabe wird durch die Einführung zweier Grundannahmen zu lösen versucht (die aber zumeist jeweils allenfalls implizit angesprochen werden). Auf der einen Seite wird die Beobachterunabhängigkeit auch auf die Kostenplanung übertragen; Kostenfunktionen sind unabhängig davon, welchen Wert die Kosten annehmen werden. Auf der anderen Seite leiten sich die Plankostenfunktionen unmittelbar aus den Istkostenfunktionen ab. Letztere werden zumeist nur im Preisvektor verändert fortgeschrieben. Das Problem mangelnder Fortschreibungsmöglichkeit wird ebenfalls i. d. R. nur am Rande diskutiert. Beide Grundannahmen ermöglichen auch eine *gleichzeitige* Heranziehbarkeit der Kostenrechnung für Planung und Kontrolle.

Begrenzungen der Erfüllung des so verstandenen Planungs- und Kontrollzwecks resultieren (allein) aus den Kosten des Informationsinstruments.

Im Ergebnis liefert damit die entscheidungsorientierte Betriebswirtschaftslehre klare Vorgaben dafür, wie die Kostenrechnung als Basis für kurzfristige, einperiodige Entscheidungen zu gestalten ist.

2. Verhaltensorientierte Ansätze der Betriebswirtschaftslehre

a) Kurzcharakterisierung der Ansätze

Die Öffnung betriebswirtschaftlicher Fragestellungen in Hinblick auf Erkenntnisse verhaltenswissenschaftlicher Forschung liegt bereits – wie angesprochen – dem Ansatz der entscheidungsorientierten Betriebswirtschaftslehre zu Grunde, wie er von *Heinen* formuliert wurde. In der Ausgestaltung dieses Ansatzes dominierte dann aber – wie ebenfalls angesprochen – eine Betonung formalanalytisch zu bewältigender Entscheidungsprobleme. Diesen liegen Annahmen über die handelnden Menschen zu Grunde, die weit von der Vielschichtigkeit entfernt sind, wie sie die Forschung (insbesondere) in der Individual- und Organisationspsychologie erarbeitet hat. Mit anderen Worten wird die Ablösung des homo oeconomicus durch „Vorstellungen ..., die den Verhaltensbedingungen real existierender Menschen angemessener Rechnung tragen"[249], in der entscheidungsorientierten Betriebswirtschaftslehre nur sehr zögerlich vorgenommen; in den meisten Anwendungen fehlt sie gänzlich.

---

[249] Schanz (1993), Sp. 4525.

Die sehr umfangreichen, breit gefächerten und zudem nicht selten widersprüchlichen verhaltenswissenschaftlichen Erkenntnisse hatten es – ganz im Gegensatz zur amerikanischen Managementforschung[250] – in der deutschen Betriebswirtschaftslehre schwer, angemessen berücksichtigt zu werden. Wenigen Promotoren (wie insbesondere *Kirsch, Schanz* und *Staehle*[251]) stand eine Phalanx ablehnender Meinungen gegenüber, unter denen sich die bekanntesten Namen der deutschen Betriebswirtschaftslehre finden[252]. Aktuell wird die strikte Ablehnung verhaltenswissenschaftlicher Erkenntnisse nicht mehr intensiv diskutiert. Vorherrschende Meinung dürfte die Rezeption einzelner Aspekte des breiten konzeptionellen und empirischen Aussagenfundus darstellen. Hierzu zählen insbesondere Aussagen über

- das individuelle Wollen von Menschen, reichend von motivationstheoretischen Erkenntnissen über Fragen der optimalen Anreizhöhe (z.B. bei der Budgetierung) bis hin zur Breite und Gewichtung individueller Präferenzen (etwa der Erkenntnis eines Strebens nach Sicherheit und Beherrschbarkeit als wesentlicher Antrieb von Menschen);
- individuelle kognitive Begrenzungen (von „blinden Flecken" in der Wahrnehmung bis hin zu Phänomenen wie der Verlusteskalation)[253];
- Verhaltenstypen individueller Akteure (z.B. der Unterscheidung zwischen erfolgssuchenden und misserfolgsvermeidenden Menschen) und
- Gruppeneffekte (z.B. Risikoschub, Groupthink-Phänomene).

Eine Verhaltensorientierung anderer Art hat sich in der Theorie weit machtvoller durchsetzen können, die Prinzipal-Agenten-Theorie, speziell ihr Zweig der normativen PA-Theorie. Zu den Institutionenökonomien zählend[254], betrachtet die PA-Theorie eine bestimmte Klasse von Interaktionsbeziehungen zwischen Akteuren und das hierauf einwirkende institutionelle Arrangement. Den in der entscheidungsorientierten Betriebswirtschaftslehre unterschiedenen Phasen des Entscheidungsprozesses zugeordnet, findet sich die Hauptfragestellung der PA-Theorie in der Willensdurchsetzung verortet. Geradezu „klassisch" wird die PA-Theorie für die Modellierung der Beziehung zwischen Vorgesetzten und Untergebenen verwendet, also etwa zwischen Manager und Bereichsleiter oder zwischen Eigentümer und Manager. Für die betrachteten Akteure gelten jeweils drei

---

[250] Vgl. den Überblick bei Staehle (1999), S. 122-126.
[251] Vgl. Kirsch (1984), Schanz (1977), Staehle (1999).
[252] Etwa Gutenberg (1989b, S. 165-168) oder Schneider (1993), S. 132-140. Vgl. den Überblick bei Staehle (1999), S. 129-131.
[253] Vgl. grundlegend Simon (1972).
[254] Die unterschiedlichen Zweige der Neuen Institutionenökonomik sehen übereinstimmend Organisationen als Regelsysteme, die „Akteuren bestimmte Handlungsweisen erlauben, gebieten oder verbieten" (Hohmann/Suchanek (2000), S. 118).

Eigenschaftsannahmen: Sie verhalten sich rational (womit keine Einbeziehung der vielfältigen Erkenntnisse der Verhaltenswissenschaften erfolgt[255]), sind eigenzentriert (handeln also potenziell opportunistisch) und mit unterschiedlichen Informationen ausgestattet (mit der Konsequenz von Informationsasymmetrien). Diese Annahmen und eine strikte Eingrenzung der zu analysierenden Problemstellung ermöglichen eine formalanalytische Formulierung, die nachprüfbare Lösungen generiert.

Verhaltensorientierung als Leitmotiv hat somit zu zwei ganz unterschiedlichen Forschungsrichtungen geführt. Zum einen wurde der Versuch unternommen, das für ökonomische Analysen verwendete Menschenbild realitätsnäher zu gestalten, zum anderen die „black box" Unternehmung als Summe von Interaktionsbeziehungen zu modellieren, dem Menschen somit durch eine höhere Auflösung der Abbildung besser gerecht zu werden. Der erste Ansatz ist sicher als vielfältiger und realitätsnäher zu bezeichnen, zugleich aber auch als kaum überschaubar heterogen und einer präzisen Modellierung nur schwer zugänglich. Dies zusammen mit häufig widersprüchlichen empirischen Erkenntnissen lässt den Vorwurf des Beliebigen nahe liegend erscheinen. Der zweite Ansatz ist dagegen präzise, logisch überprüfbar und zu nachprüfbaren Aussagen kommend; er weist aber ein nur sehr begrenztes Anwendungsgebiet auf. So sind mehrstufige PA-Modelle in der Regel nicht mehr rechenbar oder der grundsätzliche Ansatz für explizite Lernumgebungen nicht verwendbar. Dem Beliebigkeitsvorwurf verhaltenswissenschaftlicher Ansätze entspricht in der PA-Theorie eine hohe Sensibilität der Lösung von der Formulierung der Ausgangsbedingungen.

Beide Richtungen verhaltensorientierter Forschung finden sich auch im Themengebiet des (internen und externen) Rechnungswesens. Vor einem entsprechenden spezifischen Überblick sei aber wiederum der Verhaltensbezug der Kostenrechnung allgemein näher thematisiert.

b) Bezug zur Kostenrechnung im Überblick: Kostenrechnung als Instrument zur Beeinflussung und Koordination von Akteuren

Die Sicht der Kostenrechnung als Instrument zur Entscheidungsfundierung und -kontrolle betrachtet Entscheidungen als solche des Unternehmens; eine Modellierung einzelner Menschen unterbleibt. Dies hat insbesondere zwei Konsequenzen: Zum einen finden die Phänomene „kognitive Begrenzungen" und „Opportunismus" nur kursorisch Eingang in die Diskussion (beispielsweise in Form von Hinweisen auf hohe Anforderungen an Kostenrechner im Rahmen der Relativen Einzelkostenrechnung nach Paul *Riebel*). Zum anderen wird nicht der konstruktivistisch motivierte Aspekt modelliert, dass „wirtschaftliche

---

[255] Allerdings wird diese Grundannahme zunehmend aufgelöst. So stellt z.B. Williamson (1999) auf die Annahmen begrenzter Rationalität ab.

Realität" durch ihre Planung unmittelbar beeinflusst, letztlich durch sie geschaffen wird. Ein Beispiel für eine entsprechende Diskussion ist die Frage, inwieweit Deckungsbeiträge Manager zu einer zu nachgiebigen Preispolitik verleiten.

Die Berücksichtigung menschlicher Eigenschaften und Fähigkeiten hat die kostenrechnerische Diskussion in Deutschland über Jahrzehnte nur ganz am Rande beeinflusst. Die bekannten Kostenrechnungssystemvarianten sind ohne Bezug auf verhaltenswissenschaftliche Erkenntnisse und Auswirkungen konzipiert und gegeneinander argumentiert worden. International findet sich dagegen eine Vielzahl entsprechender Arbeiten, zusammengefasst unter dem Begriff des „Behavioral Accounting". (Erst) In Folge der sich ausbreitenden institutionenökonomischen Theorien (insbesondere der Prinzipal-Agenten-Theorie) gewinnt die Sicht der Kostenrechnung als Instrument im Rahmen von (potenziellen) interpersonellen Interessenkonflikten aktuell erheblich an Bedeutung. Beide Aspekte werden später in gesonderten Abschnitten noch näher betrachtet.

Die Kernfrage einer verhaltensorientiert gestalteten Kostenrechnung lautet: *Welche Interaktionen welcher Akteure lassen sich am besten mit welchen Informationen der Kostenrechnung unterstützen und/oder steuern?* Dabei können Akteure sowohl einzelne handelnde Individuen (z.B. zwei Bereichsmanager, die um knappe gemeinsame Ressourcen konkurrieren) als auch kollektive Akteure sein (z.B. ein lieferndes und ein beziehendes Unternehmen, die für ein spezifisches Gut einen Preis festzulegen haben).

Die Unterschiede zur Anfang des Abschnitts III. beschriebenen Messperspektive sowie zur traditionellen entscheidungsorientierten Sicht der Kostenrechnung sind sehr weitreichend. Validität und Reliabilität der Messung von Kosten spielt „nur noch" insofern eine Rolle, als Akzeptanz der zur Verhaltensbeeinflussung eingesetzten Kosten für die gewünschte Nutzung bei den betroffenen Akteuren erreicht werden muss. Diese wäre bei offensichtlich erkennbarer Invalidität der Messgrößen[256] und fehlerhaftem und/oder manipulierbarem Messvorgang gefährdet bzw. nicht erreichbar. Die „objektive" Entscheidungsfundierung und -kontrolle des Unternehmens innerhalb der zweiten Sichtweise wird ersetzt durch das Zusammenspiel der Willensbildung mehrerer Entscheidungsträger – etwa im Rahmen eines Ressourcenallokationsprozesses – unter Beachtung der für diese geltenden Interdependenzen und der sie kennzeichnenden Fähigkeiten und Präferenzen.

Hieraus resultiert zum einen ein zusätzliches Informationsproblem. An die Seite des Informationsbedarfs der entscheidungsorientierten Kostenrechnung (gesucht sind die richtigen Informationen für ein gegebenes Entscheidungsproblem) tritt der Bedarf von Informationen über die Eigenschaften und Präferenzen der handelnden Akteure. Zum anderen ist ein Kommunikationsproblem zu lösen: Es reicht nicht zu untersuchen, wie eine Kos-

---

[256] Z. B. beim Ansatz von offensichtlich völlig überhöhten Verrechnungspreisen.

teninformation von einem einzelnen Entscheidungsträger verwendet wird, es geht auch um die Gleichartigkeit bzw. Unterschiedlichkeit der Informationsverarbeitung einer Mehrzahl beteiligter Akteure: Verstehen sich – mit anderen Worten – zwei Akteure, wenn sie von variablen Produktkosten sprechen, oder meint der eine variable Gemeinkosten, der andere aber die Summe aus variablen Gemeinkosten und Einzelkosten?

Kostenrechnung als Instrument zur Koordination von Akteuren zu sehen, erfordert eine explizite Modellierung der Eigenschaften der Akteure. Diese ist unterschiedlich möglich. So betont z.B. eine Prinzipal-Agenten-theoretische Perspektive die Gefahr opportunistischen Verhaltens. Das im Abschnitt IV. vorgestellte Akteursmodell fordert dagegen zusätzlich eine Modellierung sowohl begrenzter kognitiver Fähigkeiten und eigener Präferenzen der Akteure als auch deren Entwicklung in Lernprozessen[257].

Der Rekurs auf Akteure erschließt Einsichten in die Verwendung von Informationen der Kostenrechnung, die im Abschnitt IV. unter dem Begriff „Nutzungsarten" bereits vorgestellt wurden. Diese lassen sich in die Aufgabe der Beeinflussung und Koordination von Akteuren nahtlos einfügen. Dieses sei für Akteursmehrheiten kurz expliziert:

Die konzeptionelle Verwendung von Kosteninformationen führt zum Aufbau geteilter interner Modelle und damit zu einer Förderung der Kommunikationsfähigkeit der Akteure. Kostenrechnung wird – mit anderen Worten – von mehreren Akteuren als Sprache ähnlich oder gleich verstanden. Die instrumentelle Nutzung betrifft in Akteursmehrheiten – bei als gegeben unterstellten internen Modellen der Akteure – allgemein die interindividuelle Beeinflussung, speziell in hierarchischen Beziehungen insbesondere die Weitergabe des Willens eines Akteurs an einen oder mehrere andere(n) Akteur(e), d.h. die Willensdurchsetzung der Instanz. Hierunter fällt z.B. die Vorgabe von Kostenzielen ebenso wie die Festlegung von kostenbasierten Verrechnungspreisen, deren Höhe so gestaltet wurde, dass sich ein von der Instanz gewolltes dezentrales Koordinationsergebnis zeigt.

Betrachtet man die Informationen, die beeinflussende und beeinflusste Akteure für ihre Willensbildung verwenden, lassen sich zwei Fälle unterscheiden. Zum einen können die Informationen übereinstimmen bzw. sich auseinander herleiten lassen. Dies ist z.B. dann der Fall, wenn das Kostenziel eines Gemeinkostenbereichs auf die einzelnen Kostenstellen dieses Bereichs „heruntergebrochen" wird. Zum anderen können die Informationen auch partiell oder grundsätzlich different sein: Kommt ein Produktionsleiter z.B. zur strategischen Erkenntnis, die Flussorientierung seines Verantwortungsbereichs steigern zu müssen, verzichtet er aber aus zeitlicher Beschränkung oder kognitiven Begrenzungen seiner Mitarbeiter heraus darauf, diese Einschätzung unmittelbar „bis zum shop floor"

---

[257] Insofern führt eine akteursbezogene Sichtweise der Kostenrechnung zu anderen Aussagen, als sie eine verhaltensorientierte Perspektive im üblichen Sinn liefert. Dennoch sei hier und im Folgenden von einer expliziten begrifflichen Trennung abgesehen.

jedem zu vermitteln, so kann er stattdessen z.B. Bestände mit einem frei gesetzten, sehr hohen Kapitalbindungskostensatz belegen. Diese „Bestrafung" von Lagerbeständen führt zu Maßnahmen der Bestandssenkung, die zugleich eine Steigerung der Flussfähigkeit mit sich bringen. Zu einer Divergenz der Informationen kommt es schließlich auch dann, wenn ein Akteur einen anderen Akteur bewusst täuschen und manipulieren will. Beide angesprochenen Fälle symbolischer Nutzung unterscheiden sich von der instrumentellen Nutzung durch eine Divergenz der internen Modelle von Sender und Empfänger der Kosteninformation.

Vergleicht man vor dem Hintergrund dieser Überlegungen noch einmal die drei unterschiedlichen Perspektiven von Kostenrechnungssystemen (Messsystem, Entscheidungsorientierung, Verhaltensorientierung), so wird ein großer Abstand der dritten von den ersten beiden Sichten deutlich:

- Ein möglichst einfaches Verfahren einer Kostenvergleichsrechnung allen Entscheidungsebenen vorzugeben, ist weit vom Anspruch einer entscheidungsorientierten Kostenrechnung entfernt, kann aber Kommunikationsprobleme verringern und damit konzeptionell wirken. Der zusätzliche Nutzen einer höheren Informationstiefe und -breite (z.B. die Vermeidung von Fehlentscheidungen auf Basis von Vollkosten evaluierter kurzfristiger Handlungsalternativen) ist gegen die Wirkungen einer verbesserten Kommunikationsmöglichkeit und verringerter Interpretationsaufwendungen und -fehler abzuwiegen.

- Symbolische Nutzung ist gänzlich konträr zum Anspruch einer möglichst objektiven Abbildung wirtschaftlicher Realität und fordert Intransparenz der Kostenrechnung, damit der beeinflusste Akteur die aus Gründen kognitiver Begrenzungen[258] und/oder Opportunismus heraus erfolgte „Fälschung" der Kosteninformationen nicht nachvollziehen kann.

Der aus der Einstellung bezüglich der Modellierungsnotwendigkeit einzelner individueller Akteure resultierende deutliche Unterschied der dritten von den ersten beiden Sichtweisen der Kostenrechnung spiegelt sich auch in den für sie geltenden Beurteilungskriterien wider: Teils ersetzend, teils zusätzlich zu nennen sind *interakteursbezogene Akzeptanz* (z.B. für die Nutzbarkeit als ökonomische Sprache), *Akteursspezifität* (d.h. Ausrichtung auf die Fähigkeiten und Präferenzen der jeweils betrachteten Akteursgruppe) sowie *Akteursselektivität* (Ausrichtung (nur) auf die jeweils betrachtete Akteursgruppe[259]). Die

---

[258] Diese können sowohl auf begrenztes Fachwissen als auch auf begrenzte zeitliche Kapazitäten zurückzuführen sein.

[259] Ein hoher Kapitalbindungskostensatz mag – um das begonnene Beispiel fortzuführen – zwar die Flussorientierung des Unternehmens in der Produktion stärken, aber an anderer Stelle vorteilhafte Investitionen verhindern.

Wirtschaftlichkeit der Kostenrechnung ist nun als Differenz zwischen dem Nutzen der Verhaltens- und Interaktionsbeeinflussung und den Kosten der Informationsgewinnung und -bereitstellung zu definieren. Mehr Transparenz ist dann nicht immer besser als weniger Transparenz („there may be damage in knowledge"); genauere und detailliertere Kosteninformationen können sowohl teurer als auch schlechter sein (z.B. weil sie die Akteure fähigkeitenbezogen überfordern). Das der Natur- bzw. Ingenieurwissenschaft entlehnte Postulat der Beobachterunabhängigkeit wird durch das Ziel einer Veränderung des Verhaltens und der Interaktion durch das Vorhandensein von Kosteninformationen ersetzt. Kostenrechnung beeinflusst bzw. schafft wirtschaftliche Realität.

c) Bezug zur Kostenrechnung: Prinzipal-Agenten-Theorie

Der erste hier zu diskutierende Ansatz, der explizit die Verhaltenswirkung von Kostenrechnung thematisiert und einer modelltheoretischen Analyse zugänglich macht, ist die Prinzipal-Agenten-Theorie. Entwickelt wurden die für sie grundlegenden Modelle in den 70er Jahren im Kontext der Informationsökonomik, eine Anwendung auf Accounting-Themen erfolgte erst später. Seit gut 20 Jahren hat die Theorie einen festen Platz in der anglo-amerikanischen Literatur und seit etwa 10 Jahren auch im deutschsprachigen Raum[260]. Neben der terminlogischen Präzision, die die Verwendung formaler Modelle (idealerweise) leistet, wird der wesentliche Nutzen der Anwendung dieser Modelle vor allem in ihrer Überlegenheit gesehen, komplexe Wirkungszusammenhänge und zunächst kontraintuitive Ergebnisse zu bestimmen[261].

Agency-Modelle analysieren die Verhaltenswirkung von Informationen im Kontext folgender Situation: Ausgangspunkt ist die Delegationsbeziehung zwischen Prinzipal (Auftraggeber) und Agent (Auftragnehmer). Im Unterschied zu früheren Betrachtungen, z.B. der Team-Theorie, wird dabei jedoch von gemeinsamen *und* konfligierenden Interessen der Interaktionspartner ausgegangen. Neben dem Interesse an den aus der Interaktion resultierenden Kooperationsgewinnen bestehen auch *Interessenkonflikte*. Virulent werden diese durch das Vorliegen einer asymmetrischen Informationsverteilung. Kann der Prinzipal das Handeln des Agenten nicht beobachten („hidden action") oder beurteilen („hidden information"), muss er befürchten, dass der Agent sich nicht in seinem Interesse verhält („Opportunismusgefahr"). Über eine geeignete Vertragsgestaltung kann der Prinzipal jedoch versuchen, die Interessen des Agenten mit den seinen in Einklang zu bringen. Die-

---

[260] So resümiert Lambert (2001), S. 3, in seinem Überblicksartikel zum Thema "Contracting Theory and Accounting": „Agency theory has been one of the most important theoretical paradigms in accounting during the last 20 years." Sehr früh für den deutschsprachigen Raum etwa Wagenhofer (1993).
[261] Vgl. Ewert (2003), S. 24-25.

se Verträge werden als Anreizverträge bezeichnet und enthalten üblicherweise eine erfolgsabhängige Komponente.

Auf der Grundlage der modelltheoretischen Darstellung des hier skizzierten Interaktionsproblems kann die Wirkung des Informationssystems Kostenrechnung betrachtet werden. Die von ihr bereitgestellten Informationen können z.b. die Grundlage für die Formulierung von Anreizverträgen bilden. Ein typisches Anwendungsfeld dieses Analyserahmens sind hierarchische, dezentrale Organisationsstrukturen (z.B. Profitcenter, mit Zentrale und Profitcenterleiter). Angesichts des inzwischen beträchtlichen Umfangs der Literatur können an dieser Stelle nur exemplarisch einige wichtige Ergebnisse genannt werden. Der Schwerpunkt der folgenden Auswahl liegt dabei vor allem auf *kontraintuitiven* Resultaten:

- Lange Zeit galt es als ein allgemein akzeptiertes Prinzip, im Rahmen von Abweichungsanalysen nur Abweichungen zuzurechnen, die im Einflussbereich des jeweils verantwortlichen Managers liegen (Controllability-Prinzip). Betrachtet man diesen Grundsatz aber durch die Brille der Agency-Modelle, so kommt man zu hiervon deutlich abweichenden Gestaltungsempfehlungen. Es lässt sich zeigen, dass sich durch Einbeziehung einer vom Manager in ihrer absoluten Ausprägung nicht kontrollierbaren Größe das durch den Anreizvertrag beim Agenten induzierte Risiko und damit die Kosten der Vertragsgestaltung senken lassen[262]. Es ist damit von Vorteil, unter bestimmten Voraussetzungen von diesem Prinzip abzuweichen.

- Zu ähnlich kontraintuitiven Ergebnissen gelangt man, wenn man die Modelle auf die Problematik der Gemeinkostenumlage anwendet. Vor dem Hintergrund bestimmter Entlohnungskontrakte scheint es so, als ob sich durch nicht wahrheitsgemäße Kostenvorgaben der Zentrale der Arbeitseinsatz von autonom entscheidenden Bereichsleitern positiv beeinflussen lässt[263]. Auch wenn damit die Entscheidungsqualität der Bereichsleiter leidet (z.B. bei Preisentscheidungen), kann dieser Effekt durch den zuvor genannten Effekt erheblich überkompensiert werden. Bestand bislang nur das Problem der „richtigen" Umlage der Kosten, stellt sich jetzt noch ein ethisches: Darf man als Kostenrechner falsche Informationen weitergeben?[264]

- Abschließend sei noch erwähnt, dass die aus der entscheidungsorientierten Sichtweise oft pauschal als dysfunktional bezeichnete Vollkostenrechnung aus agencytheoretischer Perspektive erheblich differenzierter betrachtet wird[265].

---

[262] Für eine knappe Darstellung des Arguments vgl. Ewert (2003), S. 25-31.
[263] Vgl. Wagenhofer (1996).
[264] Vgl. Meyer (2003) für eine Analyse dieser Frage.
[265] Vgl. Schweitzer/Küpper (2003), S. 656.

So kann die Anwendung der Teilkostenrechnung etwa zu einer Übernutzung zentral bereitgestellter Ressourcen führen, da sie keine Anreize zu einem sparsamen Umgang mit diesen setzt (Problem kollektiver Güter). Umgekehrt erlauben es viele der einfachen Schlüsselungsverfahren der Vollkostenrechnung ebenfalls nicht, die gewünschten Verhaltenssteuerungswirkungen zu entfalten. Schließlich stellt sich vor dem Hintergrund der vom Prinzipal-Agenten-Modell adressierten Problemsituation die Frage, inwieweit einfache, nachvollziehbare Rechenverfahren nicht über einen grundsätzlichen Vorteil hinsichtlich der Eindämmung der Opportunismusgefahr verfügen[266].

Das höhere theoretische Auflösungsvermögen agencytheoretischer Modelle im Vergleich zu reinen Plausibilitätsüberlegungen in Verbindung mit einer konsequent verhaltensorientierten Perspektive führt häufig zu Ergebnissen, die tradierten Auffassungen teilweise erheblich widersprechen. Die Ergebnisse agencytheoretischer Analysen sind jedoch auch selbst nicht unkritisch zu übernehmen. Zum einen liegen den Analysen häufig stark idealisierende Annahmen zu Grunde. Problematisch wird dies insbesondere dann, wenn die Modelle sensitiv auf eine Modifikation dieser Annahmen reagieren, d.h. nicht ausreichend robust sind. Zum anderen handelt es sich oftmals – wie z.B. im erwähnten Fall der nicht wahrheitsgemäßen Kostenvorgabe – um hochselektive Partialmodelle. Bezieht man weitere Faktoren in die Analyse ein, so kommt man zu Schlüssen, die von der alltagsweltlichen Erfahrung und unserer hiervon geprägten Intuition gar nicht so weit entfernt sind. Der Blick auf die Zusammenhänge ist aber infolge derartiger Überlegungen erheblich differenzierter, insbesondere da auf dem Weg dorthin die einzelnen Wirkungszusammenhänge herausgearbeitet werden mussten. Hat man die Grenzen der Prinzipal-Agenten-Theorie im Blick, bietet sie damit ein sehr nützliches Instrumentarium, um die Verhaltenswirkungen von Informationen einer modelltheoretischen Analyse zugänglich zu machen.

d) Bezug zur Kostenrechnung: Behavioral Accounting

Ein zweiter Ansatz, der die Beeinflussung von Menschen durch Informationen der Kostenrechnung zum Inhalt hat, greift nicht auf ökonomische Theorie, sondern auf Erkenntnisse (insbesondere) der Psychologie und Soziologie zurück. Er findet seine Wurzeln in den 50er Jahre des letzten Jahrhunderts in der anglo-amerikanischen Forschungstraditi-

---

[266] So ist etwa die Kostenschlüsselung nach anteiliger Inanspruchnahme der Kapazitäten das informationsärmste und c. p. am wenigsten individuell beeinflussbare Verteilungsvorgehen. Vgl. auch die Fußnote 285.

on[267] und wird zumeist unter dem Rubrum „Behavioral Accounting" gefasst. Trotz der unterschiedlichen zu Grunde liegenden Theorien ist die Basismodellierung der des PA-Ansatzes ähnlich: (1) Menschen werden als Träger von eigenen Zielen gesehen. (2) Es bestehen in vielerlei Hinsicht Informationsdefizite und -asymmetrien. Vor diesem Hintergrund sollen Mitarbeiter und Führungskräfte den Zielen des Unternehmens entsprechend durch die hierzu legitimierten Instanzen beeinflusst werden. „Um dies zu erreichen, ist es erforderlich, die **Verhaltenseigenschaften** der betroffenen Menschen, ihre **individuellen Ziele** sowie ihre jeweiligen **Informationsstände** zu berücksichtigen und die Informationsbereitstellung auf diese auszurichten"[268]. Damit stehen Motive und Ziele der Prozessausführenden im Fokus. Dies bedeutet zugleich, systematische Lerneffekte – wie sie implizit etwa der konzeptionellen Nutzung der Kostenrechnung zu Grunde liegen – zu vernachlässigen. Mit anderen Worten werden – wiederum analog des Prämissenkranzes der PA-Theorie – die internen Modelle der Akteure als gegeben vorausgesetzt, eine gezielte Veränderung nicht thematisiert.

Die Forschung zum Behavioral Accounting ist sehr breit angelegt. Schwerpunkte seien im Folgenden – in Anlehnung an *Schweitzer* und *Küpper*[269] – vor dem Hintergrund ihres Potenzials zur Gestaltung von Kostenrechnungssystemen skizziert:

- Das Behavioral Accounting betont die Bedeutung der Verantwortlichkeit von Menschen für Kosten („Responsibility Accounting"). Von diesem – auch in PA-theoretischen Arbeiten betonten (allerdings dort – wie bereits angesprochen – auch eingeschränkten[270]) – Prinzip der „Controllability" wird ein positiver Verhaltensanreiz postuliert. Analysiert man vor diesem Hintergrund die gängigen Kostenrechnungssysteme, so kann man die Plankostenrechnung als mit diesem Prinzip exakt vereinbar konstatieren. Dagegen stellt die *Riebel'*sche Einzelkostenrechnung auf die Wirkung von Entscheidungen generell ab, unabhängig davon, ob sie im Einflussbereich des Entscheiders liegen oder nicht.

- Ein wesentlicher Teil der Behavioral-Accounting-Forschung befasst sich mit der Frage der optimalen Höhe und Schwierigkeit von gesetzten Zielen, insbesondere im Rahmen der Budgetierung[271]. Hiermit sind grundlegende motivati-

---

[267] Vgl. z.B. das grundlegende Werk von Hopewood (1974). In deutschsprachigen Lehrbüchern bleibt das Thema im Wesentlichen unbehandelt. Eine Ausnahme hiervon stellt nur das Werk von Schweitzer/Küpper (1998) dar, auf das noch mehrfach Bezug genommen wird. Auch im über 1500 Seiten umfassenden Handbuch Kostenrechnung (Männel (1992)) findet sich kein eigenes Stichwort; lediglich zwei Seiten sind der Thematik gewidmet.
[268] Schweitzer/Küpper (2003), S. 584 (Hervorhebungen im Original).
[269] Schweitzer/Küpper (2003), S. 587-614.
[270] Vgl. z.B. Wagenhofer (1993), S. 172f., und im Detail Ewert (2002), S. 29-31.
[271] Vgl. z.B. Shields (2002), Sp. 1632-1637.

onstheoretische Fragestellungen[272] ebenso angesprochen[273] wie spezifische Verhaltenswirkungen im Kontext des grundsätzlichen Problems (z.B. Wirkung einer partizipativen Gestaltung der Budgetierung, Wirkung von Organizational Slack). Generelle, konkret verwendbare Erkenntnisse zur Gestaltung der Kostenrechnung lassen sich den Forschungsergebnissen auf Grund ihrer Unterschiedlichkeit nur schwerlich entnehmen.

- Modelliert und überprüft werden auch konkrete kognitive Begrenzungen der Akteure. Als ein Beispiel sei auf den „Functional Fixation"-Ansatz Bezug genommen[274], der sich gut in das Konstrukt des internen Modells einordnen lässt, das im Rahmen der Ausführungen zum Akteursmodell vorgestellt wurde. Dieser Ansatz besagt, dass Entscheidungsträger an einmal gelernten Regeln festhalten und nicht ohne besondere Anstrengungen in der Lage sind, abweichende neue Ansätze zu berücksichtigen. Hieraus lässt sich für die Gestaltung von Kostenrechnungssystemen ableiten, zum einen Wert auf die Analyse des User Know-hows zu legen, zum anderen bei Veränderungen von Verfahren und Prozeduren (z.B. Aufbau einer Parallelkalkulation) ein intensives und lange währendes Coaching der Nutzer der Kostenrechnung einzuplanen.

- Schließlich lässt sich auch eine kontingenztheoretische Forschungsperspektive innerhalb des Behavioral Accounting erkennen, die mit dem in dieser Untersuchung gewählten Ansatz harmoniert. Allerdings gilt auch hier für die Ergebnisse ein eher skeptisches Resümee: „Die Unterschiedlichkeit der jeweiligen Sichtweisen, der betrachteten Eigenschaften des Informationssystems und der behaupteten Bestimmungsgrößen lässt kein einheitliches Aussagensystem über die zentralen Einflussgrößen und Abhängigkeiten erkennen"[275].

Will man konkrete Erkenntnisse über die Gestaltung von Kostenrechnungssystemen gewinnen, so wird man folglich mit einem zwiespältigen Befund konfrontiert: Auf der einen Seite wird dem „Gegenstand des Behavioral Accounting zwar ein großes Gewicht für die **Gestaltung verhaltenssteuerungsorientierter Systeme**[276]" zugewiesen, auf der anderen Seite aber auch eine „**Komplexität der menschlichen Realität**[277]" konstatiert, in der „ein Grund dafür zu sehen [ist], dass die bisherige Forschung auf dem Gebiet des Behavioral Accounting auch nicht annäherungsweise ein geschlossenes Bild, sondern eher

---

[272] Als Beispiel möge das in der betriebswirtschaftlichen Literatur häufiger rezipierte Motivationsmodell von *Porter* und *Lawler* dienen. Vgl. Porter/Lawler (1968).
[273] Vgl. im Überblick als häufig zitierte deutsche Quelle Höller (1978).
[274] Vgl. die Hinweise bei Schweitzer/Küpper (2003), S. 593.
[275] Schweitzer/Küpper (2003), S. 592.
[276] Schweitzer/Küpper (2003), S. 613 (Hervorhebung im Original).
[277] Schweitzer/Küpper (2003), S. 613 (Hervorhebung im Original).

Bruchstücke an Einzelerkenntnissen liefert[278]". Somit stellt sich – bei ähnlichem Grundansatz – eine gänzlich andere Situation als bei der PA-bezogenen Forschung dar: Deren sehr enge Beschränkung der untersuchten Fragestellungen und sehr einschränkende Unterstellung menschlicher Eigenschaften führt zu präzisen, aber nur sehr begrenzt anwendbaren Aussagen. Die breite Öffnung der Forschung zum Behavioral Accounting hinsichtlich Eigenschaften und Situationen erhöht die Realitätsnähe der Forschung, erzielt aber Ergebnisse, die nur impressionistischen Charakter besitzen und für die zudem widersprüchliche empirische Erkenntnisse vorliegen[279].

3. Konsequenzen der Theoriesichten für die Beurteilung von Kostenrechnungssystemen

Theoriesichten bilden – so zeigen die kurzen Ausführungen – einen ganz wesentlichen Einflussfaktor für die Gestaltung der Kostenrechnung; dieser Aspekt ist in den meisten Kostenrechnungsbüchern nicht näher thematisiert. Wie bedeutsam die Einflüsse sind, sei im Folgenden ausführlich dargestellt. Die Analyse bezieht dabei neben der Entscheidungs- und der Verhaltensorientierung noch die im Abschnitt III. herausgearbeitete Messperspektive der Kostenrechnung mit ein. Sie weicht – erheblich – vom typischen Beurteilungsvorgehen ab[280,281] und folgt der zeitlichen Entwicklung der hauptsächlich unterschiedenen Kostenrechnungssysteme. Dies bedeutet, dass am Ende der Diskussion die Prozesskostenrechnung steht, die – trotz ihrer Eigenschaft als Vollkostenrechnung – kurz gesondert gewürdigt wird.

---

[278] Schweitzer/Küpper (2003), S. 613 (Hervorhebung im Original).
[279] Vgl. Schweitzer/Küpper (2003), S. 614.
[280] Generell ist die Diskussion zur Beurteilung unterschiedlicher Kostenrechnungssysteme zum einen einseitig, zum anderen häufig wenig tiefgehend. Pauschal wird die „traditionelle" Vollkostenrechnung durchweg als überkommen und ungeeignet bezeichnet; ihre in der Praxis trotz aller theoretischen Kritik fortdauernde Verbreitung gilt als ein „Theorie-Praxis-Paradoxon". „Moderne" entscheidungsorientierte Systeme (auf einer Plankostenrechnung aufbauende Deckungsbeitragsrechnungen) werden als richtig angesehen; ihre weitere Verbreitung behindern allenfalls hohe Informationskosten, die durch leistungsfähige Standard-Software zunehmend vermindert werden. Dem von Paul *Riebel* entworfenen System der relativen Einzelkostenrechnung wird zwar theoretische Brillanz attestiert, eine praktische Umsetzbarkeit auf Grund zu hoher Anforderungen an die Erfassung und Auswertung der Daten aber ausgeschlossen. Darüber hinaus gehen auch empirische Befunde allenfalls am Rande in die Beurteilung ein. Über die Kosten der Kostenrechnung herrscht ebenso wenig Transparenz wie über ihre Erfolgswirkung allgemein (Zusammenhang zwischen Ausprägung der Kostenrechnung und Unternehmenserfolg) und einzelne Nutzenwirkungen im Speziellen (z.B. bessere Entscheidungstransparenz, besseres Entscheidungsverhalten).
[281] Die Schwerpunkte der folgenden Argumentation sind so gelegt, dass breiter diskutiert wird, wenn von in der Literatur vorherrschenden Meinungen abgewichen wird.

a) Vollkostenrechnung

Die Vollkostenrechnung ist der Archetyp von Kostenrechnungssystemen. Ihr Grundaufbau und die wesentlichen Strukturmerkmale sind hinlänglich bekannt. Sie leiten sich wesentlich aus dem Rechnungszweck der Preiskalkulation ab. Die Vollkostenrechnung besitzt Verkehrsgeltung. Diese schlägt sich auch in rechtlichen Bestimmungen nieder (etwa in der Berechnungslogik von Herstellungskosten in der externen Rechnungslegung).

In typischen Beurteilungen der Vollkostenrechnung stehen Schwächen deutlich im Vordergrund. Ihr wird zum einen eine falsche Messung wirtschaftlicher Realität vorgeworfen. Diese betrifft insbesondere die vielstufige Schlüsselung von Gemeinkosten, daneben auch die Verwendung des wertmäßigen Kostenbegriffs, der prinzipiell große Bewertungsspielräume bietet[282]. Zum anderen wird ein mangelhafter Auflösungsgrad der Messung konstatiert, indem die Vollkostenrechnung auf eine Trennung von variablen und fixen (Gemein-)Kosten verzichtet. Aus den Messfehlern und -problemen resultiert dann eine mangelnde Eignung für den Rechnungszweck der Fundierung und Kontrolle von Entscheidungen. Hier wird insbesondere die Gefahr eines „Sich Herauskalkulierens aus dem Markt" betont, für das es auch ein internes Pendant gibt (z.B. zurückgehende Auslastung interner Dienstleistungsstellen).

Der Kritik liegt folglich eine argumentative Basis zu Grunde, die auf der ersten und der zweiten Sichtweise der Kostenrechnung (Messperspektive, Entscheidungsorientierung) basiert. Allerdings war für die Entwicklung der Vollkostenrechnung nicht eine möglichst realitätsgetreue Messung und auch nicht die Fundierung und Kontrolle unternehmerischer Entscheidungen „des Unternehmens" maßgeblich. Vielmehr ging es wesentlich um die Preisbildung bei spezifischen Gütern, d.h. um einen interaktiven, von beiden Seiten (Produzent/Kunden) akzeptierten Ausgleich unterschiedlicher Interessen. Die Kalkulation ist primär auf eine interakteursbezogene Gerechtigkeit, nicht auf eine allgemeine Richtigkeit ausgerichtet; die Vollkostenrechnung folgt dem Primat (im finalen Sinn verstandener) verursachungs*gerechter* Kostenallokation. Auch ihre grundsätzlichen Merkmale sind darauf bezogen:

- *Periodenbezug*: Die Vollkostenrechnung ist eine Periodenrechnung. Periodisierung bedeutet Unabhängigkeit der Kostenzuordnung von unterschiedlichen Zeithorizonten der Faktordispositionen. Die Einflüsse von Investitionsentscheidungen auf den Erfolg werden durch Abschreibungsbildung mit denen von Entscheidungen über den Einsatz von Repetierfaktoren gleichgestellt. Dies begegnet der Gefahr, einzelne Aufträge mit den Kosten von Investitionen

---

[282] Im praktischen Einsatz sind diese allerdings zum einen auf sehr wenige Kostenarten beschränkt; zum anderen haben sich für die Wahl des Wertansatzes Standards herausgebildet; so trifft man z.B. sehr häufig auf einen Zinssatz für gebundenes Gesamtkapital in der Größenordnung von 8%.

zu belasten, die für eine Mehrheit von Aufträgen getätigt wurden. Für Ausnahmefälle tatsächlich erfolgter spezifischer Investitionen wird die Position „Sondereinzelkosten der Fertigung" gebildet.

- *Laufende Rechnung*: Die für eine laufende Rechnung unabdingbaren Standardisierungen des Vorgehens begrenzen den Spielraum für Kalkulationsopportunismus (im Sinne einer bewussten Übervorteilung); eine laufende Kostenrechnung verträgt keine laufenden Veränderungen von Bewertungsansätzen und Verrechnungsprozeduren.

- *Unabhängigkeit der Kostenanlastung vom individuellen Einzelfall*: Das Verursachungsprinzip rechnet Kosten gemäß der anteiligen Inanspruchnahme von Leistungserstellungskapazitäten zu. Dies bedeutet, Aufträge bei gleichen prozessbestimmenden Merkmalen (z.B. notwendige Maschinenzeiten) gleich zu behandeln. Andere Auftragsmerkmale (z.B. Beschaffungsalternativen des Kunden oder Spezifitätsgrad des Auftrags beim Produzenten) werden nicht berücksichtigt. Es besteht Konsens über Umfang und Ausgestaltung von Verrechnungsverfahren ebenso wie über die Bedingungen ihres Einsatzes. Kalkulationsspielräume sind auf ein Mindestmaß begrenzt (besitzen allerdings durch unvermeidbare Spielräume bei der Wahl von Gemeinkostenschlüsseln einen nicht unerheblichen Umfang).

Insgesamt ist das Opportunismuspotenzial der Vollkostenrechnung damit beschränkt. Ein Rest-Spielraum für opportunistische Gestaltung wird durch die Möglichkeit geschaffen, mit Hilfe unterschiedlicher Ausprägungen der Kostenschlüsselung innerhalb zulässiger Wahlmöglichkeiten (deutlich) unterschiedliche Kostenstellenkosten und Produkterfolge errechnen zu können. Eine direkte Nutzung dieses Spielraums kann nur durch den Kostenrechner, nicht durch einzelne Manager erfolgen. Die Möglichkeit opportunistischen Handelns ist für ersteren – wie bereits ausgeführt – in der Literatur kaum thematisiert.

Die Ausrichtung der Vollkostenrechnung auf den Interessenausgleich zwischen Unternehmen und Kunden bei spezifischen Gütern lässt sich als eine Ausprägung der dritten Sicht der Kostenrechnung identifizieren. Neben Opportunismus modelliert diese – zumindest in dem vorgestellten Ansatz des Akteursmodells – auch kognitive Begrenzungen. Ihnen wird die Vollkostenrechnung durch ihre relative Einfachheit gerecht[283]. Das Prinzip der Zurechnung nach anteiliger Inanspruchnahme ist intuitiv plausibel. Die Bildung von Nettoergebnissen entspricht dem Vorgehen der Bestandsbewertung und der Gewinn- und Verlustrechnung nach dem Umsatzkostenverfahren, so dass keine grundsätzlichen Unter-

---

[283] Vgl. nochmals die Fußnote 266.

schiede zum Erfolgskonzept der Externen Rechnungslegung bestehen. Komplexe Leistungsstrukturen führen allerdings auch bei der Vollkostenrechnung zu einer mangelnden Nachvollziehbarkeit.

Insgesamt zeigt sich damit, dass die Vollkostenrechnung in der einschlägigen Literatur zu Unrecht pauschal als ungeeignet und überkommen charakterisiert wird. Diese Beurteilung lässt sich nur auf Basis der ersten und zweiten Sichtweise der Kostenrechnung aufrechterhalten. Sieht man Kostenrechnung dagegen als ein Instrument zur Koordination von Akteuren, zeigt sie gerade wegen ihrer einfachen Konstruktionsmerkmale – trotz aller Einschränkungen – Eignungspotenzial.

b) Plankostenrechnung

Ursprung der Plankostenrechnung nach *Plaut* und *Kilger* ist das Bemühen, einen „möglichst wirksamen Wirtschaftlichkeitsmaßstab für die einzelnen Kostenstellen"[284] zu gewinnen. Die Rechnung rekurriert auf Delegationsbeziehungen zwischen Unternehmensleitung und Kostenstellenverantwortlichen und hat ursprünglich zum Ziel, bestehende Informationsasymmetrie auf Seiten der Unternehmensleitung zu beseitigen und damit die Opportunismusgefahr der Kostenstellenleiter zu begrenzen. Zur Erfüllung des Zwecks der Vorgabenermittlung ist eine Trennung von fixen (als nicht von den Kostenstellenleitern beeinflussbaren) und variablen, beeinflussbaren Kosten erforderlich. Die Nutzbarkeit der damit gewonnenen Informationen für produktions- und absatzprogrammbezogene Zwecke steht anfangs nicht im Mittelpunkt, sondern wird erst später bedeutsam. Indikator hierfür ist die Veränderung des Titels des *Kilger'*schen Standardwerks zur Plankostenrechnung zur „Flexiblen Plankostenrechnung *und Deckungsbeitragsrechnung*".

Ordnet man die Plankostenrechnung den unterschiedlichen Perspektiven der Kostenrechnung zu, so ist in der Ursprungsintention die dritte Sichtweise als relevant zu erkennen, obwohl keine einzelnen Menschen modelliert werden; „gesichtslose" Mitarbeiter haben den Willen der Instanz in vorgegebener Weise koordiniert umzusetzen; Abweichungsanalysen ermöglichen Lerneffekte ebenso (Verringerung mangelnden Könnens), wie sie die Folgen von Opportunismus (in Form der Vermeidung von Arbeitsleid) erkennen lassen und damit diese Wollensdefizite vermeiden helfen. Die Ableitung der Sollkosten aus produktionstheoretisch fundierten Kostenfunktionen, d.h. die „richtige" Abbildung des wertmäßigen Faktorverzehrs, ist hilfreich für die Akzeptanz der Sollwerte. Mit der Erweiterung der Rechnungszwecke um die Fundierung und Kontrolle von Entscheidungen ist die Plankostenrechnung in ihrer weiteren Entwicklung und jetzigen Realisierung in der Praxis auch der zweiten Sichtweise zuzuordnen.

---

[284] Plaut (1952), S. 399.

Im Vergleich zur Vollkostenrechnung fehlt in der einschlägigen Literatur für das System der Plankostenrechnung systematische Kritik fast gänzlich. Solche wird allerdings deutlich sichtbar, wenn die (impliziten) Prämissen dieses Kostenrechnungssystems hinterfragt werden. Für drei von ihnen sei dies exemplarisch aufgezeigt[285]:

- Die Plankostenrechnung unterstellt eine gesonderte Verantwortung für Kapazitätsbereitstellung und Kapazitätsnutzung, die der Trennung von variablen und fixen Kosten zu Grunde liegt. Sie ist in den Unternehmen immer seltener der Fall, da es – z.B. aus Gründen von Know-how – Sinn macht, dem Kostenstellenleiter Mitverantwortung auch für die Fixkosten zuzuweisen.

- Die Plankostenrechnung unterstellt eine kostenstellenbezogene Beeinflussbarkeit der proportionalen Kosten. Je stärker die Produktion automatisiert wird, desto mehr ist die Höhe der Kosten aber bereits zum Zeitpunkt der Anlageninstallierung vorbestimmt. Abweichungen (nach unten) sind nur bei groben Störungen zu erwarten[286].

- Angesichts knapper Zeit des Managements und den hohen Kosten von Informationssystemen setzt das effektive und effiziente Betreiben einer Plankostenrechnung voraus, dass Kosten den wesentlichen Treiber der Wirtschaftlichkeit einer Kostenstelle darstellen, dass der Kostenstellenleiter mit anderen Worten mittels Kenntnis seiner Kosten maßgeblichen Einfluss auf die Wirtschaftlichkeit nehmen kann. Aktuell scheint der größere Hebel zum Erzielen der Wirtschaftlichkeit allerdings in der Steuerung von Zeit- und Qualitätsgrößen zu liegen.

Damit ist nicht aus der ersten oder zweiten, sondern aus der dritten Perspektive der Kostenrechnung heraus potenziell Kritik an der Plankostenrechnung zu üben: Es gilt zu hinterfragen, ob das durch die Plankostenrechnung repräsentierte Modell auf den konkreten Anwendungsfall „passt" oder den Akteuren eine falsche Ausrichtung gibt. Die Plankostenrechnung unterstellt eine hohe Beherrschbarkeit der Leistungserstellung und richtet den Fokus auf die Erfüllung eines vorgegebenen Optimums. Weder passt das Bild einer kontinuierlichen Verbesserung (Assimilation bzw. Wandel), noch das einer grundlegenden Veränderung (Akkomodation bzw. Wechsel). In der Terminologie der Nutzungsarten formuliert bedeutet dies: Bei der Anwendung der Plankostenrechnung besteht die Gefahr, eine konzeptionelle Nutzung der bereitgestellten Informationen zu erzielen, die die Aufmerksamkeit der Akteure falsch ausrichtet.

---

[285] Vgl. ausführlicher Weber (2004), S. 212f.
[286] Vgl. die entsprechenden Ausführungen im 3. Kapitel dieser Untersuchung.

Auf der anderen Seite stellt die Plankostenrechnung keine hohen Anforderungen an die kognitiven Fähigkeiten der Manager: Das Denken in Produktionsfunktionen ist in der Produktion geläufig bzw. vorherrschend; die Bewertung des Faktorverzehrs folgt einfachen Prinzipien; das Marginalprinzip („variable Kosten sind das, was sich verändert") ist intuitiv plausibel. Probleme der Weiterbehandlung auf den Kostenstellen verbleibender Fixkosten stellen sich erst in Deckungsbeitragsrechnungen. Schließlich ist ein möglicher Opportunismusspielraum kaum gegeben: Die Festlegung der Kostenfunktionen erfolgt durch die Instanz, nicht durch den betroffenen Manager.

Aus der dritten Perspektive auf die Kostenrechnung heraus ergibt sich folglich ein differenziertes Urteil für die Plankostenrechnung. In bestimmten Kontexten, bei Gültigkeit ihrer Prämissen, ist sie als potenziell (sehr) wertvoll einzuschätzen. Werden einzelne oder mehrere der Prämissen verletzt, wie dies in der Praxis immer häufiger zu beobachten ist, erweist sie sich aus verhaltensbezogener Sicht als problematisch. Für die zweite Sicht der Kostenrechnung liefert die Plankostenrechnung wichtige Ausgangsinformationen (z.B. zur Programmplanung); der Messsicht wird sie durch eine differenzierte Abbildung der Kosten der Leistungserstellung in den Produktionskostenstellen[287] gerecht.

c) Deckungsbeitragsrechnungen

Archetyp der Deckungsbeitragsrechnungen ist das Direct Costing. Das Bemühen um eine erfolgsneutrale Bestandsbewertung hat eine Separation von direkten produktbezogenen Kosten (im Sinne von Einzelkosten und variablen Gemeinkosten) zur Folge. Angewandt auf die Erfolgsermittlung ergibt sich ein retrogrades Abrechnungskonzept: Die direkten Kosten von den Nettoerlösen abgezogen führen zu Deckungsbeiträgen. Deren Summe werden die Fixkosten mit dem Ergebnis des Nettoerfolgs gegenüber gestellt. Den Vorwurf mangelnder Differenzierung der Fixkosten[288] aufnehmend, sieht das Konzept der Stufenweisen Fixkostendeckungsrechnung mehrere Fixkostenschichten vor, was die Herausbildung einer entsprechenden Zahl von Deckungsbeitragsstufen zur Folge hat. Sie nutzt damit den Auflösungsgrad der Kostenstellenrechnung und die dort vollzogene Trennung von variablen und fixen Gemeinkosten.

Beurteilt man Deckungsbeitragsrechnungen aus der Messperspektive heraus, so lassen sich die aus der Plankostenrechnung übernommene Spaltung der Kosten in variable und fixe Elemente sowie die Vermeidung von Kostenschlüsselungen zum einen als eine im

---

[287] Anwendungen in Nicht-Produktionsbereichen sind zwar denkbar, in der praktischen Realisierung aber selten anzutreffen.
[288] Die pauschale Behandlung der Fixkosten resultiert im Konzept des Direct Costing aus dem Bezug auf den Kontext amerikanischer Unternehmen, die zumindest zur Entstehung des Konzepts (und viele noch heute) nicht über eine ausgebaute Kostenstellenrechnung verfügten.

Vergleich zur Vollkostenrechnung „realitätsgetreuere" Darstellung der Erfolgssituation des Unternehmens interpretieren. Zum anderen steigt dadurch der Detailgrad der Messung an: Statt eines einzigen Nettoergebnisses pro Produkt werden nun mehrere, hierarchisch gestufte Deckungsbeiträge abgebildet. Die starke Bindung an objektive Messkriterien (Produktionsfunktionen, Leistungsflüsse) verspricht eine hohe Reliabilität der Messung.

Die hiermit gelieferte Ergebnistransparenz kann die Basis für programmpolitische Entscheidungen bilden. Die Kernaussage der Rechnung lautet: Ein Kalkulationsobjekt (Produkt, Produktgruppe usw.) kann solange im Programm bleiben, wie sein Deckungsbeitrag keinen negativen Wert annimmt[289]. Bei gegebenen Nettoerlösen bedeutet dies eine laufende Überprüfung der Deckungsbeitragshöhe. Liegen die Nettoerlöse im Markt nicht fest, resultiert daraus die Ableitung einer kurzfristigen Preisuntergrenze. Weiterhin liefern Deckungsbeitragsrechnungen die Handlungsanweisung, solche Kalkulationsobjekte zu forcieren, die (absolut oder bezogen auf einen relevanten Engpass) die höchsten Deckungsbeiträge erwirtschaften.

Wie valide derartige Empfehlungen sind bzw. wie gut Deckungsbeitragsrechnungen der zweiten Sichtweise der Kostenrechnung gerecht werden, hängt davon ab, inwieweit die in Deckungsbeitragsrechnungen unterstellte Struktur und Abgrenzung der Entscheidungsfelder in der Realität zutrifft:

- Der genannten Preisuntergrenzenaussage liegt zum einen die Annahme einer kurzfristigen Entscheidungsstruktur im Sinne einer Marginalentscheidung zu Grunde. Handelt es sich bei dem betrachteten Auftrag dagegen um einen solchen im Rahmen einer periodischen Absatzplanung, d.h. um eine Konsekutiventscheidung innerhalb einer übergeordneten Initialentscheidung, so kann die vom Deckungsbeitrag gelieferte Information eine mangelhafte Entscheidungsgrundlage sein. Dies ist dann der Fall, wenn eine signifikante Verringerung der Absatzmenge zu einem Abbau von Kapazitäten geführt hätte[290]; neben variablen Kosten wären dann auch Teile der Fixkosten entscheidungsrelevant.

- Zum anderen unterstellen Deckungsbeitragsrechnungen eine Unverbundenheit der Erlöse; Kostenverbunde werden abgebildet, Erlösverbunde nicht. Gerade bei Aussagen zu Preisuntergrenzen wird die Problematik dieses Konstrukti-

---

[289] Hierbei handelt es sich um eine notwendige Bedingung. Für eine hinreichende Bedingung müssen zwei weitere Annahmen zutreffen: (1) Es steht kein Alternativobjekt zur Verfügung, das einen höheren Deckungsbeitrag aufweist. (2) Das Objektprogramm insgesamt führt zu einem positiven Deckungsbeitrag des Unternehmens.

[290] Die Trennung von fixen und variablen Kosten ist nur für einen eingeschränkten Bereich der Kapazitätsnutzung definiert. Dieser wird durch die periodenbezogenen Absatzerwartungen gefüllt, denen wiederum ein bestimmtes, nicht marginales Preisniveau zu Grunde liegt. Eine Planung für ein marginales, gerade die Einzelkosten und variablen Gemeinkosten deckendes Absatzniveau führte zu einer anderen Trennung von fixen und variablen Kosten (und zur Aufgabe des Geschäfts).

onsmerkmals deutlich: Die Unterstellung, dass ein Hinabgehen auf die Preisuntergrenze bei einem Auftrag keine Veränderungen der Preishöhen bei Folgeaufträgen auslöst, hat zumindest nur geringe empirische Relevanz.

Bei einer Betrachtung von Deckungsbeitragsrechnungen aus der verhaltensorientierten Perspektive heraus zeigen sich weitere potenzielle Probleme. Deckungsbeitragsrechnungen führen zu komplexen Erfolgsrechnungen, zu deren Interpretation hohes kostenrechnerisches Wissen benötigt wird. Neben dem Verständnis der einzelnen Deckungsbeitragsstufen als solche ist dieses insbesondere zur Beantwortung der Frage erforderlich, durch welche Maßnahmen die Deckungsbeiträge auf den einzelnen Stufen abgedeckt werden sollen. In der Praxis vorfindbare Vereinfachungen zeigen die Relevanz der Problematik[291].

Bei der zentralen Frage, wie sichergestellt werden soll, dass die erforderlichen Deckungsbedarfe realisiert werden können, sind neben Könnens- insbesondere auch Wollensaspekte relevant. Besteht ein hoher Preisdruck in Märkten, eröffnet eine Deckungsbeitragsrechnung die Möglichkeit, mangelnden Einsatz von Verkäufern mit der Aussage zu verdecken, ein Verkauf mit einem positiven Deckungsbeitrag sei immer noch besser als kein Verkauf auf Grund zu hoher Preisforderungen. Hieraus resultiert die Gefahr zu nachgiebiger Preissetzung. Der Gefahr eines Herauskalkulierens aus dem Markt wegen zu *hoher* Preise bei der Vollkostenrechnung steht bei Deckungsbeitragsrechnungen die eines Herauskalkulierens auf Grund zu *niedriger* Preise gegenüber, die allerdings – im Unterschied zu Ersterer – nicht nur auf Könnens-, sondern auch auf Wollensprobleme zurückzuführen ist und damit potenziell stärker wirkt. Wie bei der Vollkostenrechnung besteht die Gefahr nicht nur in Bezug auf externe Märkte, sondern auch intern bei der Frage der Abdeckung der Kosten gemeinsam genutzter Potenziale. Die Instanz hat ein Allokationsproblem zu lösen. Für diese Lösung sind deutlich mehr Informationen erforderlich als im Fall einer „verursachungsgerechten", d.h. anteiligen Verrechnung, wie sie in der Vollkostenrechnung vorgenommen wird[292]. Wenn das Wissen der Instanz an dieser Stelle beschränkt ist, droht die Gefahr von bewusster Fehlinformation durch die Betroffenen, zu deren Vermeidung Kontrollstrukturen aufzubauen sind. Insgesamt kann dies zu

---

[291] Typischerweise werden zwar Deckungsbeitragsstufen gebildet und retrograd eine sukzessive Bestimmung von Deckungsbeiträgen vorgenommen, bei letzterem Rechenvorgang allerdings auf eine stufenweise Zusammenfassung von einzelnen Deckungsbeiträgen zu Deckungsbeitragssummen verzichtet. Bildlich gesprochen sind die Abrechnungsspalten bis zur letzten Deckungsbeitragsstufe „mit Zahlen gefüllt". Dies widerspricht dem Grundprinzip von Deckungsbeitragsrechnungen, reduziert allerdings den Abweichungsgrad zu traditionellen Nettoergebnisrechnungen.

[292] Eine hinreichende Entscheidungsgrundlage erfordert u.a. die Nutzungshistorie und die Nutzungserwartungen der durch Kostenverbunde betroffenen Potenziale. Insbesondere bei Letzteren bedarf es auch Angaben zur Objektivität der Daten, da hier potenzielle Opportunismuseffekte zu erwarten sind.

teureren und schlechteren Allokationsentscheidungen führen als bei der Verwendung der einfachen Aufteilungsregel der Vollkostenrechnung.

Verlässt man die bisher eingenommene instrumentelle Perspektive und fragt nach der Eignung für eine konzeptionelle Verwendung der gelieferten Kosten- und Ergebnisinformationen, so ist insbesondere auf die unterschiedliche Behandlung von Verbundphänomenen zu verweisen. Wie bereits angesprochen, berücksichtigen Deckungsbeitragsrechnungen Kostenverbunde detailliert, vernachlässigen allerdings Erlösverbunde gänzlich. Das damit geschaffene Bild transportiert die Aussagen (1) Kostenverbunde sind wichtig und müssen berücksichtigt werden und (2) Erlösverbunde sind unwichtig und können vernachlässigt werden. In der einschlägigen Literatur finden sich nur vereinzelt Hinweise auf das Vorliegen verbundener Erlöse und den Konsequenzen dieser Tatsache (z.B. innerhalb der Diskussion, ob ein Unterschreiten der Preisuntergrenze kurzfristig doch zulässig sein kann)[293]. Für die „Rechenmethodik" von Deckungsbeitragsrechnungen ist der Verzicht auf die Berücksichtigung von Erlösverbunden essentiell: Für Erlöse sind andere Verbundbeziehungen zu erwarten als bei Kosten; stimmen die Verbunde strukturell aber nicht überein, können keine Deckungsbeiträge ermittelt werden. Wenn auf der Erlösseite ähnlich umfangreiche Verbunde vorliegen wie auf der Kostenseite[294], ist die Fokussierung auf Kostenverbunde vor dem Hintergrund konzeptioneller Nutzung nicht nur unnütz, sondern potenziell gefährlich[295]. Symbolisch dagegen bietet die Vernachlässigung von Erlösverbundenheiten entsprechenden umfangreichen Gestaltungsspielraum: Je nach Notwendigkeit können Erlösverbunde als gegeben oder als nicht gegeben angesetzt werden.

Betrachtet man Deckungsbeitragsrechnungen in der Zusammenschau der Argumente, so überzeugen sie aus Messsicht durch eine hohe Differenzierung und geringe Verzerrungen durch den Verzicht auf Kostenschlüsselungen. Eine Eignung bezogen auf die zweite Sicht der Kostenrechnung ergibt sich dadurch, dass Deckungsbeitragsrechnungen insbesondere die operative, jahresbezogene Planung hinreichend unterstützen können. Bezogen auf die dritte Sicht der Kostenrechnung weisen Deckungsbeitragsrechnungen auf Grund ihrer Komplexität und ihrer Fokussierung auf Kostenverbunde schließlich Nachteile auf.

---

[293] Vgl. zu einer intensiven Diskussion Riebel (1994), S. 98-148.
[294] Vgl. zur Strukturierung von Erlösverbundenheit die soeben angegebene Quelle von *Riebel* und kurz Weber (2004), S. 228f.
[295] Entsprechende Gefahren bestehen auch für die instrumentelle Nutzung.

d) Relative Einzelkostenrechnung

Die auf Paul *Riebel* zurückgehende relative Einzelkostenrechnung kann zwar nicht das Merkmal der Verkehrsgeltung für sich in Anspruch nehmen, hat jedoch in der Theorie hohe Aufmerksamkeit erfahren.

Entwickelt wurde die Rechnung aus der Intention heraus, jegliche Form von Kostenschlüsselung zu vermeiden. Dies führte zum Anspruch einer möglichst genauen Abbildung der „wirtschaftlichen Realität". Diese wurde als durch Entscheidungen konstituiert angesehen. Hiermit besteht das Kernstück der Rechnung in einer Analyse und Strukturierung von Entscheidungen einerseits und deren Konsequenzen für (zahlungsorientiert verstandene) Kosten und Erlöse andererseits. Die Relativierung des Einzelkosten(- und -erlös)begriffs, die Bildung von Zurechnungshierarchien, die multidimensionale Zuordnung von Kosten und Erlösen zu Bezugsobjekten sowie die strikte Trennung von Erfassung und Auswertung folgen aus diesem Grundansatz. Von der Entstehungsgeschichte des Konzepts her ist die relative Einzelkostenrechnung sowohl der Mess- als auch der Entscheidungssicht der Kostenrechnung zuzuordnen: Eine möglichst gute Messung des angefallenen Ists wird als geeignete Basis für durch Entscheidungen festgelegtes Zukünftiges angesehen. Verhaltenswirkungen werden nur am Rande thematisiert (Bildung von Deckungsbudgets zur Vermeidung zu nachgiebiger Preissetzung).

Betrachtet man die Rechnung aus der Messperspektive heraus, steht die sehr tiefgehende Differenzierung der Entscheidungen und Entscheidungszusammenhänge für eine deutlich genauere Abbildung von Kosten und Erlösen, als sie in den anderen Rechnungssystemen realisiert wird. Allerdings sind in mehrfacher Hinsicht potenzielle Probleme sichtbar: Zum einen macht *Riebel* keine exakte Aussage darüber, wo exakt und wodurch bestimmt die in jeder Partialrechnung erforderliche Abgrenzung der Entscheidungsfelder erfolgen soll[296]. Weiterhin wird von ihm eine hierarchische Entscheidungsstruktur unterstellt (Bezugsgrößenhierarchien)[297]. Dies stellt eine erhebliche Vereinfachung der Realität dar. Schließlich bedeutet eine konsequente Umsetzung des Gedankens eine um mehrere Größenordnungen komplexere Abbildung, als sie für die anderen Rechnungssysteme erforderlich ist. Hieraus resultieren – aus der Messperspektive heraus – entsprechende Probleme für die Informationsgüte und den Aufwand der Informationsbereitstellung.

---

[296] Beispielhaft drückt dies das folgende, auf die Abgrenzung von Einzelerlösen bezogene Zitat aus: „Hier steht man also vor einem echten Dilemma, zumal sich keine scharfe Grenze zwischen solchen Graden der Erlösverbundenheit, die im Rechnungswesen zu berücksichtigen sind, und solchen, die vernachlässigbar erscheinen, ziehen lässt" (Riebel (1994), S. 148).

[297] In den späten Beiträgen zum Konzept stellt *Riebel* parallel auf sequenzielle Entscheidungsstrukturen ab (vgl. Riebel (1984), S. 423, und ausführlich S. 651ff.). Vgl. zur Kritik Bungenstock (1995), S. 216f.

Nimmt man die (neoklassische) Entscheidungsperspektive ein – die von *Riebel* selbst stark betont wird[298] –, so stehen einer aus der detaillierteren Datenbasis verbesserten Transparenz Probleme gegenüber, von denen nur drei kurz angesprochen werden sollen:

- Die Bezugsgrößenhierarchien sehen unterschiedliche Ebenen vor. Diese werden mit entsprechend hierarchisierten Entscheidungen begründet. Am Beispiel einer produktbezogenen Hierarchie sind die Ebenen einzelne Einheit, Produkt, Produktgruppe, Produktbereich, Produktprogramm insgesamt zu nennen. Die Ebenentrennung ist intuitiv plausibel und für die praktische Durchführbarkeit der Rechnung unverzichtbar. Allerdings deckt sie nicht mögliche „Zwischenfälle" ab, z.B. Losbildungen in der Produktion („1.000 Stück") oder im Vertrieb („Mindestbestellmenge: 6 Stück").

- Die Tatsache, dass sich für eine Entscheidung Einzelkosten bestimmen lassen, bedeutet nicht, dass sich nur diese Kosten mit der Entscheidung verändern. Veränderungen können vielmehr auch Einzelkosten auf höherliegenden Ebenen der jeweiligen Bezugsgrößenhierarchie betreffen („kumulativ bedingte Gemeinkosten"). Über deren Höhe macht die Rechnung allerdings keine Aussage.

- Die hierarchische Grundstruktur der Rechnung unterstützt keine Entscheidungen, die sich auf mehrere Bezugsgrößenhierarchien beziehen. Trotz isoliert betrachtet jeweils positiver Deckungsbeiträge einzelner Bezugsobjekte kann eine gemeinsame Eliminierung dieser Bezugsobjekte zu einem höheren Gesamt-Deckungsbeitrag führen[299].

Aus verhaltensorientierter Sicht der Kostenrechnung fällt das Urteil über das *Riebel'sche* Konzept schließlich ausgesprochen negativ aus. Die Anforderungen an die kognitiven Fähigkeiten der Entscheider sind weit höher als in den anderen Kostenrechnungssystemen. Die von *Riebel* geforderte hohe „Realitätsnähe" bedeutet die Notwendigkeit, sehr weitgehend auf das Wissen von Führungskräften zu bauen. Ob zwei Entscheidungen wirklich miteinander verbunden sind, ob sie in einer hierarchischen Beziehung zueinander stehen oder nicht, kann in dem geforderten Auflösungsgrad der Rechnung nicht zentral von Kostenrechnern, sondern nur von den Entscheidern selbst festgelegt werden. *Intersubjektive Nachprüfbarkeit und weitgehendes Abstellen auf individuelles Entscheiden widersprechen sich.* Damit wird das Phänomen kognitiver Begrenzungen ebenso bedeutsam wie die Möglichkeit opportunistischer Verhaltensweise wahrscheinlich. Für instrumentelle Zwecke erweist sich das Konzept deshalb als sehr problematisch. Die hohen

---

[298] Vgl. den Untertitel seines Buches: „Grundfragen einer markt- und entscheidungsorientierten Unternehmensrechnung" (Riebel (1994)).
[299] Vgl. hierzu Mertens/Hansen/Rackelmann (1977).

kognitiven Anforderungen begrenzen auch eine konzeptionelle Verwendung der Rechnung stark. Zudem stellt sich die Frage, ob die Formulierung von Entscheidungshierarchien nicht ein falsches Bild vermittelt, da in der Praxis Entscheidungen eher netzförmig denn hierarchisch getroffen werden. In die gleiche Richtung, nur in der Bedeutung deutlich schwerwiegender ist der Fokus auf die Vergangenheit, die im System akribisch erfasst wird. Bestehendes bis ins Detail abzubilden, verbunden mit dem Anspruch, Entscheidungen zu unterstützen, unterstellt den Vergangenheitsdaten zwangsläufig eine hohe Erklärungskraft für Zukünftiges[300]. Bezogen auf die symbolische Nutzung ist schließlich anzumerken, dass die bereits angesprochene Gestaltbarkeit der Rechnung den Ausweis von Werten in einer fast beliebigen Bandbreite ermöglicht. Diesem Vorteil steht allerdings der Nachteil gegenüber, dass das System wegen seiner Komplexität für jeden Nutzer undurchschaubar ist, was die Akzeptanz vorgegebener Werte potenziell vermindert[301].

Als letztes Argument sei auf die außerordentlich hohen Anforderungen an die Erfassung und Auswertung der benötigten Informationen hingewiesen. Während für Letztere zunehmend leistungsfähige Software bereitsteht, bedeuten Erstere schon bei relativer Statik der Entscheidungsfelder sehr hohe Erfassungsaufwendungen. Bei hoher Dynamik, d.h. laufender Veränderung der Entscheidungshierarchien, erscheint die zeitnahe Pflege einer relativen Einzelkostenrechnung eine praktisch nicht realisierbare Aufgabe: Schon das Informationsniveau einer Vollkostenrechnung aktuell zu halten, verlangt in der Praxis ein erhebliches Anstrengungsniveau, dem nicht alle Unternehmen Folge leisten.

Als Fazit lässt sich damit festhalten, dass die mangelnde praktische Realisierung des *Riebel'*schen Konzepts gerade aus einer verhaltensorientierten Perspektive nicht verwundert. Es setzt auf der einen Seite von allen Systemen die mit Abstand höchsten Anforderungen an die Erfassung, Speicherung und Auswertung der verwendeten Informationen und erweist sich auf der anderen Seite – formuliert für eine Theoriewelt, in der Menschen nicht modelliert werden – für verhaltensorientierte Zwecke als gänzlich ungeeignet.

e) Prozesskostenrechnung

Als letztes Rechnungskonzept sei kurz auf die Prozesskostenrechnung eingegangen. Sie wurde Ende des 20. Jahrhunderts als Antwort auf eine mangelnde kostenrechnerische Durchdringung des „Gemeinkostenbereichs", genauer von repetitive Dienstleistungen erbringenden Leistungsstellen[302], entwickelt. Ihre theoretischen Grundlagen liegen in der

---

[300] Vgl. weiterführend Weber/Weißenberger (1997).
[301] Dieses Argument gilt in gleicher Weise für die instrumentelle und konzeptionelle Nutzung.
[302] In Industrieunternehmen zählen hierzu insbesondere Logistikkostenstellen, wie Transport, Lager, Fertigungssteuerung, Bestelldisposition.

Vollkostenrechnung[303]. Sie stellt – trotz spezifischer Terminologie (z.B. „Kostentreiber", „leistungsmengenneutrale und leistungsmengeninduzierte Kosten") kein eigenes Rechnungssystem dar, sondern lässt sich – denselben Prinzipien folgend – vollständig in eine Vollkostenrechnung integrieren. In der Praxis findet sich eine solche Integration allerdings nur selten; wenn realisiert, stößt man auf die Prozesskostenrechnung zumeist als eine fallweise betriebene Rechnung[304].

Trotz gleicher theoretischer Grundlagen weist die Prozesskostenrechnung in zweierlei Hinsicht Unterschiede zur Vollkostenrechnung auf: Zum einen sind – wie im 3. Kapitel dieser Untersuchung bereits ausgeführt – die Produktionsfunktionen im Falle von Dienstleistungsproduktion deutlich stärker von Menschen bestimmt als bei Sachleistungsproduktion. Dies hat einen höheren Einfluss individueller Leistungsschwankungen auf den Zusammenhang von Output und Input ebenso zur Folge, wie eine systematische, unerkannte Beeinflussung dieses Zusammenhangs nicht ausgeschlossen werden kann. Zum anderen fehlen häufig automatisierte Erfassungssysteme, so dass die Messung durch den zu Messenden selbst vorgenommen werden muss (z.B. Selbstaufschreibung der Vertriebsanstrengungen durch einen Verkäufer[305]).

Die Prozesskostenrechnung führt zu einer Verbesserung der Abbildung der Gemeinkosten, was eine positive Beurteilung aus der Messsicht der Kostenrechnung heraus zur Folge hat. Die damit geschaffene Transparenz kann entsprechende Entscheidungen anstoßen (z.B. Reduzierung der Variantenvielfalt). Allerdings liegen bezogen auf die zweite Sicht der Kostenrechnung analoge Grenzen vor, wie sie für die Vollkostenrechnung generell gelten. In der verhaltensorientierten Perspektive schließlich steht insbesondere der Sichtbarmachung der „hidden factory" und dem damit erzielten konzeptionellen Nutzen die zusätzliche Komplexität und die Eröffnung von Manipulationsspielraum durch die skizzierten Messprobleme gegenüber. Beide Aspekte wirken sich für eine laufende Rechnung negativ aus; in einer fallweisen Realisierung der Prozesskostenrechnung sind sie aber beherrschbar. Hierin mag eine Begründung des beobachtbaren Realisierungsstandes der Prozesskostenrechnung liegen.

---

[303] Vgl. die erschöpfende Beschreibung bei Schmalenbach (1899), S. 107.
[304] Vgl. z.B. den empirischen Beleg bei Homburg et al. (1998), S. 16.
[305] Hierzu zählen z.B. Informationen über die besuchten Kunden, die Vorbereitungszeit auf die Beratungsgespräche, die Zeitallokation auf unterschiedliche Produkte im Beratungsgespräch u. a. m.

Kostenrechnungssysteme	Ausgewählte Aspekte zur Beurteilung der Kostenrechnungssysteme		
	aus Messperspektive	aus Entscheidungsperspektive	aus verhaltensorientierter Perspektive
Vollkostenrechnung	+ Abbildung des Leistungsflusses basierend auf reliablen Messsystemen (z. B. Arbeitsgangplänen) - Unterschiedliche Messgenauigkeit in Produktions- und Nicht-Produktionsbereichen - Messspielräume im Bereich der Gemeinkostenschlüsselung - Gerechtigkeit anstelle von Richtigkeit als Messprinzip	- Fehlende Differenzierung in variable und fixe Kosten - Unzulässige Schlüsselung von Gemeinkosten - „Sich-Herauskalkulieren aus dem Markt" - Interne Fehlallokation von Ressourcen	+ Einfaches, intuitiv verständliches Grundprinzip; damit gute Verwendbarkeit für konzeptionelle Nutzung + Verursachungsgerechtigkeit als Prinzip zur Lösung von Interessenkonflikten + Geringer Opportunismusspielraum + Eignung für symbolische Nutzung der Kostenrechnung - Gefahr der Fehlinterpretation bei instrumenteller Nutzung
Plankostenrechnung	+ Abbildung des Leistungsflusses basierend auf reliablen Messsystemen (z. B. Arbeitsgangplänen) + Explizites Aufbauen auf Produktionsfunktionen + Abbildung des leistungsbezogenen Kostenverhaltens in Produktionskostenstellen (Trennung in variable und fixe Kosten) - Unterschiedliche Messgenauigkeit in Produktions- und Nicht-Produktionsbereichen	+ Adäquate Fundierung von kostenbezogenen Verfahrenswahlproblemen + Lieferung eines wesentlichen Teils der Ausgangsinformationen für Programmentscheidungen - Nicht-Verwendbarkeit für „echte" Marginalentscheidungen	+ Einfaches, intuitiv verständliches Grundprinzip; damit gute Verwendbarkeit für konzeptionelle Nutzung + Durchsetzung von Kostenzielen der Instanz - Potenzieller Opportunismusspielraum bei Informationsasymmetrien der Instanz bei der Festlegung von Sollkostenfunktionen +/- Abhängigkeit der konzeptionellen Eignung vom relevanten Kontext (u.U. falsches internes Modell)

Abb. 6: Beurteilung der Kostenrechnungssysteme, Teil 1

System	Bewertung (Spalte 2)	Bewertung (Spalte 3)
Deckungsbeitragsrechnungen	Zusätzlich zur Beurteilung der Plankostenrechnung: + Berücksichtigung von Kostenverbunden in der Ergebnisrechnung - Ungleiche Behandlung von Kosten- und Erlösverbunden	+ Ausgangsbasis für Programmentscheidungen - Gefahr einer zu nachgiebigen Preisstellung - Nicht-Verwendbarkeit für „echte" Marginalentscheidungen	- Hohe kognitive Anforderungen an den Informationsnutzer - Gefahren bei konzeptioneller Nutzung durch einseitige Fokussierung auf Kostenverbunde - Stützung opportunistischen Handelns (Ausnutzung des Deckungsbeitragsspielraums in der Preissetzung)
Relative Einzelkostenrechnung	+ Hohe Messgenauigkeit durch Verwendung des Identitätsprinzips und die Vermeidung jeglicher Schlüsselung - Weitgehende Abhängigkeit der Messung von der Einschätzung der Gemessenen - Komparativ extrem hohe Kosten der Messung versus Vorspiegelung hoher Messgenauigkeit	+ Postulierte multizweckbezogene Verwendbarkeit der differenzierten Datenbasis - Hohe Anfälligkeit gegenüber Veränderungen (Ableitbarkeit des Plan aus dem Ist) - Unklare Abgrenzung der relevanten Entscheidungen/Entscheidungsfelder	- Extrem hohe kognitive Anforderungen an den Informationsnutzer; dadurch fehlende konzeptionelle Eignung - (Fast) Beliebige Spielräume zur opportunistischen Ausnutzung der Komplexität der Rechnung und der Notwendigkeit, die Messung zum erheblichen Teil durch die Gemessenen vornehmen zu müssen
Prozesskostenrechnung (Delta zur Vollkostenrechnung)	+ Höhere Messgenauigkeit durch bessere Abbildung repetitive Dienstleistungen erstellender Bereiche - Starke Abhängigkeit der Messung durch den zu Messenden		+ Verbesserung konzeptioneller Nutzung durch Beseitigung „blinder Flecken" - Erhöhung der Komplexität der Rechnung - Eröffnung von Opportunismusspielraum aufgrund der Messprobleme

Abb. 6: Beurteilung der Kostenrechnungssysteme, Teil 2

f) Zusammenfassender Vergleich

Abschließend seien die beurteilenden Aussagen zu den einzelnen diskutierten Kostenrechnungssystemen kurz zusammengefasst (vgl. auch die *Abbildung 6*).

Aus der *Messperspektive* betrachtet, ergibt sich ein sehr differenziertes Bild. Von allen Rechnungssystemen ist die Vollkostenrechnung durch die am wenigsten differenzierte Messung gekennzeichnet. Das ihr zu Grunde liegende Verursachungsprinzip generiert zum einen Unschärfen („Gerechtigkeit statt Richtigkeit"), sichert zum anderen aber eine hohe Reliabilität und Objektivität (im Sinne intersubjektiver Nachprüfbarkeit) der Messung. Letztere wird in der Prozesskostenrechnung – aufgrund der Nutzung des zu Messenden für die Messung – für bislang nicht differenziert erfasste Prozesse von Dienstleistungsproduktion gegen höhere Messdetaillierung eingetauscht. Die Differenzierung von fixen und variablen Kosten ermöglicht der Plankostenrechnung (für maschinenbedingte Produktionskostenstellen) eine deutliche Ausweitung der Messgenauigkeit, die wegen der Fundierung von Produktionsfunktionen nicht durch Einschränkungen der Reliabilität erkauft werden muss. Auf der Plankostenrechnung aufbauende Deckungsbeitragsrechnungen bieten durch die Abbildung von Kostenverbunden eine weitere Detaillierung der Messung; Erlösverbunde werden allerdings weiterhin vernachlässigt. Die „Krone" der Messgenauigkeit bildet schließlich die relative Einzelkostenrechnung. Sie erkauft diese Steigerung allerdings durch die Notwendigkeit, bei der Kostenerfassung sehr weitgehend auf die Angabe der Kostenverantwortlichen bauen zu müssen; welche Entscheidungen wie zusammenhängen oder nicht, kann auf dem angestrebten Detaillierungsgrad zutreffend nur der Entscheidende selbst benennen. Für eine praktische Implementierung ist schließlich auch der mit der Rechnung verbundene signifikant höhere Erfassungsaufwand zu vermerken.

Für die Perspektive der Entscheidungsfundierung lässt sich eine Beurteilung sehr leicht vornehmen; sie stimmt weitgehend mit der in der Literatur vorfindbaren allgemeinen Bewertung der Kostenrechnungssysteme überein. Die Vollkostenrechnung ist für die Fundierung und Kontrolle kurzfristiger Entscheidungsprobleme der Unternehmung nicht geeignet. Gleiches gilt für ihre partielle Weiterentwicklung, die Prozesskostenrechnung. Plankostenrechnungen liefern hingegen die Ausgangsinformationen für kurzfristige kostenbasierte kostenstellenbezogene Entscheidungsprobleme, eingebracht in Deckungsbeitragsrechnungen sind sie auch für Programmplanungen die relevante Basis. Probleme entstehen durch falsche Verwendung von Deckungsbeiträgen in Preisentscheidungen und für „echte" Marginalentscheidungen, auf die sich die Spaltung in fixe und variable Kosten nicht bezieht. Von ihrer Grundkonzeption her ist schließlich auch die relative Einzelkostenrechnung auf die Fundierung und Kontrolle von Entscheidungen ausgerichtet. Ob sie im konkreten Anwendungsfall dafür tatsächlich geeignet ist, hängt von der konkreten

Bestimmbarkeit der Entscheidungsfelder und der Verwendbarkeit vergangener Kostenstrukturen für zukunftsgerichtete Entscheidungen ab. Ein präziseres Urteil kann wegen der nicht vorliegenden Implementierung der Rechnung nicht erfolgen.

Die Eignung der Kostenrechnungssysteme aus verhaltensbezogener Perspektive wird wesentlich bestimmt durch die Adressierung möglicher kognitiver Begrenzungen und potenziell vorhandenem Opportunismus der Akteure. Bezogen auf mögliche *kognitive Begrenzungen* interessiert der Umfang des erforderlichen Know-hows alternativer Kostenrechnungssysteme[306]. Für die Grundstruktur der Abfolge von Kostenarten-, Kostenstellen- und Kostenträgerrechnung ist zunächst kein Unterschied festzuhalten. Das Verursachungsprinzip ist weiterhin ähnlich leicht zu verstehen wie das Marginalprinzip. Dem für die Trennung von variablen und fixen Kosten und die Interpretation von Abweichungen erforderlichen Know-how steht das Wissen um Gemeinkostenverrechnungen gegenüber. Vielstufige Deckungsbeitragshierarchien lassen sich allerdings deutlich schwieriger interpretieren als einfache Nettoergebnisse; zudem verwendet das Umsatzkostenverfahren der externen Rechnungslegung letzteres Erfolgskonzept ebenfalls, was das Verständnis erleichtert. Je mehr Know-how die einzelnen Rechnungssysteme erfordern, desto wahrscheinlicher werden Anwendungsfehler einzelner Informationsnutzer auf der einen Seite und Kommunikationsprobleme zwischen den vielfältigen Nutzern der Kostenrechnung auf der anderen Seite. Möglichen instrumentellen Fehlinterpretationen der vielstufig geschlüsselten Nettoergebnisinformationen auf Seiten der Vollkostenrechnung stehen Fehlinterpretationen des Umgangs mit Deckungsbeiträgen sowie in konzeptioneller Nutzung die einseitige Betonung von Kostenverbunden gegenüber. Eine Aussage zur Vorteilhaftigkeit lässt sich folglich nicht allgemeingültig treffen[307].

Bezogen auf die Möglichkeit *opportunistischen Verhaltens* ist zunächst wiederholend festzuhalten, dass der einzelne Manager in keinem der genannten Rechnungssysteme unmittelbaren Einfluss auf die grundsätzliche Gestaltung nehmen kann; diese bleibt dem Top-Management vorbehalten, das dieses Gestaltungsrecht an den Kostenrechner delegiert. Die Gefahr opportunistischer Gestaltung erwächst bei der Vollkostenrechnung durch die Spielräume innerhalb der Gemeinkostenschlüsselung. In der Grenzplankostenrechnung entfällt diese Möglichkeit; es kommt – in der Flexiblen Plankostenrechnung zusätzlich – eine Gestaltungsmöglichkeit bei den Kostenfunktionen hinzu. Deren Anreizfunktion (Bestimmung von Sollkosten) lässt Opportunismus dezentraler Kostenverantwortlicher gegenüber der Instanz potenziell bedeutsam werden. Eine Begrenzung dieser

---

[306] Ein weiterer Beurteilungsfaktor ist die zur Nutzung erforderliche Zeit. Sie sei hier vereinfachend – z.B. bei Unterstellung entsprechend komfortabler DV-Systeme – als für alle Systeme gleich angesetzt.

[307] Bezogen auf die relative Einzelkostenrechnung ist allerdings ein klares Urteil möglich: ihre Beherrschung erfordert ein ungleich höheres kostenrechnerisches Wissen.

Opportunismusgefahr kann durch einen entsprechend gestalteten Prozess der Bestimmung der Sollkostenfunktion erreicht werden[308].

Vergleicht man schließlich das Opportunismuspotenzial von Nettoerfolgen mit dem von Deckungsbeiträgen, so hängt das Urteil stark von der Ausgestaltung der Deckungsbeitragsrechnung ab. Zur Formulierung von Deckungsbeitragsstufen ist die Angabe von Kostenverbunden konstituierend. Im System des Direct Costing erfolgt diese so unscharf, dass (erhebliche) Spielräume für das Top-Management bzw. den Kostenrechner bestehen. Im System der Stufenweisen Fixkostendeckungsrechnung bestehen auf der einen Seite konkretere Vorschriften zur Bestimmung von Kostenverbunden; auf der anderen Seite weist das Konzept eine grundsätzliche Offenheit gegenüber der Zahl und Form der Deckungsbeitragsstufen auf. Dezentrale Manager nehmen insofern Einfluss auf die Gestaltung der Rechnung, als das Vorliegen von Kostenverbunden z.T. nur auf Basis ihrer Einschätzung konstatiert werden kann. Wird z.B. in einem Auslandsmarkt zunächst nur für eine Produktgruppe eine Verkaufsorganisation aufgebaut, so werden deren Kosten aus der Sicht des Kostenrechners dieser Produktgruppe als Einzelkosten zugeordnet. Gibt der zuständige Manager allerdings an, dass in Kürze auch weitere Produktgruppen über diesen Vertriebsweg abgesetzt werden sollen, muss eine Zuordnung zu höheren Ebenen des Produktprogramms erfolgen.

Eine solche Abhängigkeit von der Einschätzung verantwortlicher Manager kennt die Vollkostenrechnung allein im Bereich der Sondereinzelkosten, indem auftrags- und/oder kundenbezogene Spezifität durch den Produzenten postuliert und vom Kunden hinterfragt wird. Die Charakterisierung als Sonderfall bietet hinreichend Gelegenheit zur Opportunismusbegrenzung. In einer vielstufigen, tief gegliederten Deckungsbeitragsrechnung wird diese Einschätzungsabhängigkeit der Kostenzuordnung allerdings nicht gesondert sichtbar. Somit besteht die Gefahr, dass einzelne Manager diesen Einschätzungsbereich opportunistisch ausbeuten, sie Kosten, die von ihnen in Gänze eigenverantwortlich disponiert werden, zu Gemeinkosten deklarieren und somit in die Verantwortung Anderer transferieren.

Um diesen möglichen Spielraum zu begrenzen, besteht ein umfänglicher Informationsbedarf. Nur so kann der Kostenrechner die erforderliche Rekonstruktionsfähigkeit erreichen. Ob sie in komplexen Unternehmensstrukturen realistisch ist, kann bezweifelt werden. Die Vollkostenrechnung lässt an dieser Stelle durch die Ermittlung von Nettoergebnissen dem dezentralen Manager keinen Gestaltungsspielraum. Zudem sind die Verteilungsregeln mit ungleich weniger Informationsbedarf zu überprüfen. Folglich weist die

---

[308] Etwa durch die Einbeziehung von externen Beratern („Kosteningenieuren").

Vollkostenrechnung bezogen auf den Aspekt potenziellen Opportunismus gegenüber den anderen Kostenrechnungssystemen Vorteile auf.

Kapitel 6: Zusammenfassung

Die Thematik „Kontextabhängigkeit der Kostenrechnung" scheint auf den ersten Blick wenig spannend zu sein, eher eine zusammentragende, strukturierende und ordnende Aufgabe, inhaltlich wenig bedeutsam. Auf den zweiten Blick ergibt sich aber ein ganz anderes Bild. Die Ausführungen sollten gezeigt haben, welch ökonomisch reizvolles Feld eine derartige Analyse eröffnet.

Kostenrechnung aus der Perspektive einer bewussten Gestaltung – und damit führungsbezogen und nicht technologiegetrieben – zu sehen, beseitigt den – zumindest bei oberflächlicher Betrachtung leicht entstehenden – Eindruck fast beliebiger Gestaltbarkeit („alles ist möglich") einerseits und die – empirisch durchaus validierte – Einschätzung andererseits, Kostenrechnung sei ein Standardinstrument, das in unterschiedlichen Kontexten im Wesentlichen in gleicher Form implementiert ist. Die nähere Analyse hat vielmehr gezeigt, wie weitgehend unterschiedlichste Einflussfaktoren die Gestaltung der Kostenrechnung bestimmen und wie sensibel folglich mit generalisierenden Aussagen umgegangen werden muss. Die Vernachlässigung der Kontextabhängigkeit der Kostenrechnung in den meisten einschlägigen Quellen führt dazu, dass den dort geäußerten traditionellen Argumentationslinien nicht immer zu folgen ist; auch offensichtliches Standardwissen („eine entscheidungsorientierte Kostenrechnung ist besser als eine Vollkostenrechnung") muss kritisch hinterfragt werden.

Die Untersuchung zeigt ein breites Spektrum an Einflussgrößen auf, teils in der einschlägigen Literatur bekannte (z.B. angestrebte Aktualität und Genauigkeit), teils ungewohnte (z.B. Nutzungsarten), teils – weitestgehend – neue (wie die Koordinationsmechanismen). Ein Großteil der Gestaltungsdiskussion ist in den letzten beiden Jahrzehnten unter dem Rubrum der DV-Realisierung der Kostenrechnung geführt worden. Die großen Hoffnungen, die neue Softwaretechnologie und Hardwaremöglichkeiten als „Enabler" komplexer, sophistizierter Kostenrechnungslösungen geweckt haben, stellten sich in der Praxis eher als Enttäuschung heraus. Die Begrenzungen der Kostenrechnung liegen seit geraumer Zeit nicht mehr in der technologischen Realisierung, sondern im Betrieb der und insbesondere im Umgang mit den komplex gewordenen Systeme(n). Die extensive Funktionsbreite von Standardsoftware verlangt ambitionierte Kostenrechner und auswertungsfähige Manager. Hier ist der Engpass zu verorten.

Die Analysen haben gezeigt, dass insbesondere der Bezug auf Theorie einen wesentlichen Einfluss auf die Gestaltung der Kostenrechnung nimmt, was angesichts der langen Beschäftigung mit Fragen des Rechnungswesens in der betriebswirtschaftlichen Forschung zum einen verwundert, zum anderen aber auch nicht überrascht. Verwundern muss auch die Erkenntnis, wie wenig empirische Forschung in die Kostenrechnungsdiskussion eingeflossen ist bzw. diese beeinflusst hat. Ein Grund dafür mag darin liegen, dass der empirische Stand zur Ausgestaltung der Kostenrechnung und der dafür maßgebenden Kontextfaktoren im Wesentlichen Details, kein Gesamtbild zu vermitteln vermag. Hier besteht ein signifikantes Forschungsdefizit. Auch auf dem jetzigen – niedrigen – Niveau zeigt sich allerdings ein überraschender Befund erheblicher Tragweite: Empirische Studien liefern – was Rechnungszwecke und Rechnungssysteme betrifft – ein grundsätzlich anderes Bild, als es in konzeptionellen Überlegungen als richtig herausgestellt wird. Aus Sicht der in den Lehrbüchern vorherrschenden entscheidungsorientierten Kostenrechnung und der instrumentellen Verwendungsperspektive müsste die Kostenrechnung zum einen deutlich stärker an den individuellen Einzelfall angepasst sein und zum anderen weit weniger den Konzepten der Vollkostenrechnung folgen, als dies empirisch zu beobachten ist.

Diese Befunde werden (besser) erklärbar, wenn eine verhaltensorientierte Sicht auf die Kostenrechnung eingenommen wird. Kostenrechnung wird dem potenziellen Eigennutz und den kognitiven Beschränkungen der Führungskräfte und Mitarbeiter gerecht. Sie lässt sich dann primär als eine gemeinsame Sprache verstehen (konzeptionelle Perspektive). Um sie als „betriebswirtschaftliche Umgangssprache" im Unternehmen verwenden und den richtigen Sprachgebrauch überprüfen zu können, darf die Detaillierung nicht zu groß sein. Ansonsten würde sie zum einen zu einem nur von Spezialisten nutzbaren Kommunikationsinstrument („Fachsprache"); zum anderen – und damit verbunden – böte sie zu leicht opportunistisch ausbeutbare diskretionär nutzbare Handlungsspielräume mit der entsprechenden Opportunismusgefahr. Einfachheit und Überschaubarkeit helfen weiterhin auch, einer zentralen Erkenntnis vieler verhaltenswissenschaftlicher Studien bezüglich menschlicher Grundeinstellungen zu folgen: „A central theme in many studies is that people use management accounting to reduce uncertainty, which can improve their motivation, judgements, decisions, attitudes, and satisfaction as well as their social reflections (reduce conflict, increase trust and truthful communication) and decrease their stress and dysfunctional behavior (myopia, data manipulation, misrepresentation)"[309].

Vieles spricht deshalb für ein Überdenken der klassischen Argumentationen. Eckpfeiler zeigen sich als gefährdet: Höhere Genauigkeit und Detaillierung erscheinen eher schädlich als hilfreich; die Forderung nach einer möglichst realitätsgetreuen Abbildung des Unternehmensgeschehens in der Kostenrechnung sollte nicht mehr als Leitidee der Kostenrechnung verwendet und die Entscheidungsorientierung schließlich durch eine konsequente Verhaltensorientierung abgelöst werden. Hierfür ist ein gemeinsamer Aspekt ursächlich: die Modellierung des Menschen, die insbesondere im Kontext – im Wesentli-

---

[309] Shields (2002), Sp. 1632.

chen dynamikbedingter – hoher Wissensdefizite unverzichtbar ist. Änderungen der Einschätzung des Instruments Kostenrechnung werden somit durch Änderungen in den Führungsbedingungen hervorgerufen. Diese Erkenntnis ist nicht neu[310], aber im betriebswirtschaftlichen Kontext stark vernachlässigt. Die erkannte Lücke ist möglichst schnell zu schließen.

---

[310] Vgl. etwa die Hinweise bei Miller (2002), Sp. 1772-1774, bezogen auf Karl Marx, Max Weber und Werner Sombart.

Literaturverzeichnis

Aust, R. (1999): Kostenrechnung als unternehmensinterne Dienstleistung, Wiesbaden.

Bach, S. et al. (1998): Grundmodell einer dynamischen Theorie ökonomischer Akteure, WHU-Forschungspapier Nr. 56, Vallendar.

Backhaus, K./Funke, St. (1996): Auf dem Weg zur fixkostenintensiven Unternehmung?, in: ZfbF, 48. Jg., S. 95-129.

Bellinger, B. (1993): Allgemeine und spezielle Betriebswirtschaftslehre(n), in: HWB, 5. Aufl., Stuttgart, Sp. 68-84.

Berekoven, L./Eckert, W./Ellenrieder, P. (1996): Marktforschung – Methoden, Grundlagen und praktische Anwendung, 7. Aufl., Wiesbaden.

Bertsch, L.H. (1991): Expertensystemgestützte Dienstleistungskostenrechnung, Stuttgart.

Blau, P.M. (1970): A Formal Theory of Differentiation in Organizations, in: American Sociological Review (1970), S. 201-218.

Brettel, M. (2003): Der informelle Beteiligungsmarkt. Eine empirische Analyse, Habilitationsschrift, Vallendar.

Brockhoff, K. (1994): Management organisatorischer Schnittstellen – unter besonderer Berücksichtigung der Koordination von Marketingbereichen mit Forschung und Entwicklung, Berichte aus den Sitzungen der Joachim-Jungius-Gesellschaft der Wissenschaften e.V. Hamburg, Göttingen, 12. Jg., H. 2, S. 9ff.

Brockhoff, K. (1999): Produktpolitik, 4. Aufl., Stuttgart.

Brockhoff, K. (2002): F&E-Controlling, in: HWU, 4. Aufl., Stuttgart, Sp. 597-606.

Bromwich, M./Vass, P. (2002): Regulation and Accounting, in: HWU, 4. Aufl., Stuttgart, Sp. 1677-1685.

Budäus, D. (2002): Kalkulation öffentlicher Aufträge, in: HWU, 4. Aufl., Stuttgart, Sp. 907-921.

Bungenstock, Chr. (1995): Entscheidungsorientierte Kostenrechnungssysteme. Eine entwicklungsgeschichtliche Analyse, Wiesbaden.

Burns, T./Stalker, G.M.(1961): The Management of Innovation, Tavistock.

Chandler, A.D. (1962): Strategy and Structure, Cambridge, MA, M.I.T. Press.

Coenenberg, A.G. (2003): Kostenrechnung und Kostenanalyse, 5. Aufl., Stuttgart.

Corsten, H. (1997): Dienstleistungsmanagement, 3. Aufl., München und Wien.

Corsten, H./Will, T. (1992): Das Konzept generischer Wettbewerbsstrategien, Kennzeichnung und kritische Analyse, in: Das Wirtschaftsstudium, 21. Jg., S. 185-191.

Daube, K. (1993): CIM-orientierte Kostenrechnung. Gestaltung der Kostenrechnung für die computerintegrierte Produktion, Berlin.

Demski, J. (1994): Managerial Uses of Accounting Information, Boston u.a.

Dent, J.F. (1990): Strategy, Organization and Control: Some Possibilities for Accounting Research, in: Accounting, Organizations and Society, Vol. 15, S. 3-25.

Dess, G.G./Davis, P.S. (1984): Porter's (1980) Generic Strategies as Determinants of Strategic Group Membership and Organizational Performance, in: Academy of Management Journal, Vol. 27, S. 467-488.

Diederich, H. (1992): Allgemeine Betriebswirtschaftslehre, 7. Aufl., Stuttgart, Berlin, Köln.

Donabedian, A. (1980): The Definition of Quality and Approaches to Its Assessment – Explorations in Quality Assessment and Monitoring, Vol. 1, Ann Arbor.

Engelhardt, W. H./Kleinaltenkamp, M./Reckenfelderbäumer, M. (1993): Leistungsbündel als Absatzobjekte. Ein Ansatz zur Überwindung der Dichotomie von Sach- und Dienstleistungen, in: ZfbF, 45. Jg., S. 395-426.

Europäische Kommission: Entscheidung der Kommission vom 20. März 2001 in einem Verfahren nach Artikel 82 EG-Vertrag, mitgeteilt unter der Nummer C (2001) 728.

Ewert, R. (2002): Der informationsökonomische Ansatz des Controlling, in: Weber, J./Hirsch, B. (Hrsg.): Controlling als akademische Disziplin. Eine Bestandsaufnahme, Wiesbaden, S. 21-37.

Ewert, R./Wagenhofer, A. (2003): Interne Unternehmensrechnung, 5. Aufl., Berlin u.a.

Frank, S. (2000): Erfolgreiche Gestaltung der Kostenrechnung. Determinanten und Wirkungen am Beispiel mittelständischer Unternehmen, Wiesbaden.

Freidank, C-Chr. (1997): Kostenrechnung. Einführung in die begrifflichen, theoretischen, verrechnungstechnischen sowie planungs- und kontrollorientierten Grundlagen des innerbetrieblichen Rechnungswesens und einen Überblick über neuere Konzepte des Kostenmanagements, München, Wien.

Gaitanides, M. (1996): Prozessorganisation, in: HWProd, 2. Aufl., Stuttgart, Sp. 1682-1696.

Govindarajan, V. (1988): A Contingency Approach to Strategy Implementation at the Business-Unit Level: Integrating Adminstrative Mechanisms with Strategy, in: Academy of Management Journal, Vol. 31, S. 828-853.

Gutenberg, E. (1989): Rückblicke, in: Albach, H. (Hrsg.): Zur Theorie der Unternehmung. Schriften und Reden von Erich Gutenberg. Aus dem Nachlass, Berlin u.a., S. 1-109.

Gutenberg, E. (1989b): Die Theorie der Unternehmung, in: Albach, H. (Hrsg.): Zur Theorie der Unternehmung. Schriften und Reden von Erich Gutenberg. Aus dem Nachlass, Berlin u.a., S. 119-211.

Hambrick, D.C. (1983): High Profit Strategies in Mature Capital Goods Industries: A Contingency Approach, in: Academy of Management Journal, Vol. 26, S. 687-707.

Hamprecht, M. (1996): Controlling von Konzernplanungssystemen, Wiesbaden.

Heinen, E. (1968): Einführung in die Betriebswirtschaftslehre, Wiesbaden.

Heinen, E. (1991): Industriebetriebslehre als entscheidungsorientierte Unternehmensführung, in. Heinen, E. (Hrsg.): Industriebetriebslehre. Entscheidungen im Industriebetrieb, 9. Aufl., Wiesbaden, S. 1-71.

Heinen, E./Dietel, B. (1991): Kostenrechnung, in: Heinen, E. (Hrsg.): Industriebetriebslehre. Entscheidungen im Industriebetrieb, 9. Aufl., Wiesbaden, S. 1157-1313.

Heise, S. (2000): Konzepte, Probleme und Perspektiven der Hochschulkostenrechnung – Forschung durch Entwicklung ausgehend vom Projekt der Fachhochschule Bochum –, Diss. Dortmund.

Hergert, M./Morris, D. (1989): Accounting Data for Value Chain Analysis, in: Strategic Management Journal, 10 Jg., S. 175-188.

Höller, K. (1978): Verhaltenswirkungen betrieblicher Planungs- und Kontrollsysteme, München.

Hoitsch, H.-J./Lingnau, V. (2002): Kosten- und Erlösrechnung. Eine controllingorientierte Einführung, 4. Aufl., Berlin u.a.

Holzwarth, J. (1993): Strategische Kostenrechnung? Zum Bedarf an einer modifizierten Kostenrechnung für die Bewertung der Alternativen strategischer Entscheidungen, Stuttgart.

Homann, K./Suchanek A. (2000): Ökonomik: Eine Einführung, Tübingen.

Homburg, Chr./Giering, A. (1996): Konzeptualisierung und Operationalisierung komplexer Konstrukte: Ein Leitfaden für die Marketingforschung, in: Marketing-ZfP, 18. Jg., S. 5-24.

Homburg, Chr./Krohmer, H. (2003): Marketingmanagement. Strategie – Instrumente – Umsetzung – Unternehmensführung, Wiesbaden.

Homburg, Chr./Weber, J./Aust, R./Karlshaus, J.-Th. (1998): Interne Kundenorientierung der Kostenrechnung – Ergebnisse der Koblenzer Studie –, Schriftenreihe Advanced Controlling, Bd. 7, Vallendar.

Homburg, Chr./Weber, J./Aust, R./Frank, S. (2000): Management Accounting Follows Strategy? – Zur Strategieabhängigkeit der Kostenrechnung –, in: ZP, Bd. 11, S. 307-328.

Homburg, Chr./Weber, J./Karlshaus, J.Th./Aust, R. (2000): Interne Kundenorientierung der Kostenrechnung? Ergebnisse einer empirischen Untersuchung in deutschen Industrieunternehmen, in: DBW, 60. Jg., S. 241-256.

Hopewood, A.G. (1974): Accounting and human Behavior, London.

Horngren, Ch.T. (1992): Reflections on Activity based Accounting in the United States, in: ZfbF, 44. Jg., S. 289-297.

Horngren, Ch.T./Datar, S.M./Foster, G. (2003): Cost Accounting. A managerial Emphasis, 11. Aufl., Englewood Cliffs NJ.

Horváth, P. (1990): Revolution im Rechnungswesen: Strategisches Kostenmanagement, in: Horváth, P. (Hrsg.): Strategieunterstützung durch das Controlling: Revolution im Rechnungswesen?, Stuttgart, S. 175-193.

Horváth, P. (1991): Strategisches Kostenmanagement, in: Horváth, P. (Hrsg.): Controlling-Konzeptionen für die Zukunft, Stuttgart, S. 71-90.

Horváth, P./Weber, J. (1997): Controlling, in: Pfohl, H.-C. (Hrsg.): Betriebswirtschaftslehre der Mittel- und Kleinbetriebe. Größenspezifische Probleme und Möglichkeiten zu ihrer Lösung, 3. Aufl., Berlin, S. 335-376.

Horváth & Partner (Hrsg.) (1998): Prozesskostenmanagement. Methodik und Anwendungsfelder, München.

Hummel, S. (1970): Wirklichkeitsnahe Kostenerfassung. Neue Erkenntnisse für eine eindeutige Kostenermittlung, Berlin.

Hummel, S./Männel, W. (1983): Kostenrechnung 2: Moderne Verfahren und Systeme, 3. Aufl., Wiesbaden.

Hummel, S./Männel, W. (1986): Kostenrechnung 1: Grundlagen, Aufbau und Anwendung, 4. Aufl., Wiesbaden.

Hunold, C. (2003): Erfolgsfaktoren kommunaler Kostenrechnung – Eine empirische Untersuchung -, Diss. Vallendar.

Illetschko, L.L. (1961): Theorie und Praxis einer betrieblichen Verrechnungslehre, in: Betriebswirtschaftslehre und Wirtschaftspraxis, Festschrift für K. Mellerowicz, Berlin, S. 183-199.

Johnson, H.Th./Kaplan, R.S. (1987): Relevance Lost. The Rise and Fall of Management Accounting, Boston.

Kaplan, R.S./Atkinson, A.A. (1998): Advanced Management Accounting, 3. Aufl., Upper Saddle River NJ.

Karlshaus, J.Th. (2000): Die Nutzung von Kostenrechnungsinformationen im Marketing. Bestandsaufnahme, Determinanten und Erfolgsauswirkungen, Wiesbaden.

Kehrmann, T. (2002): Rationalitätssicherung bei hohen Wissensdefiziten. Entwicklung eines Modells zum Controlling strategischer Problemlösungsteams, Wiesbaden.

Khandwalla, P.N. (1973): Effect of Competition on the Structure of Top Management Control, in: Academy of Management Journal, Vol. 16, S. 285-295.

Kieser, A./Kubicek, H. (1992): Organisation, 3. Aufl., Berlin, New York 1992.

Kilger, W./Pampel, J./Vikas, K. (2002): Flexible Plankostenrechnung und Deckungsbeitragsrechnung, 11. Aufl., Wiesbaden.

Kirsch, W. (1984): Wissenschaftliche Unternehmensführung oder Freiheit von der Wissenschaft?, München.

Kloock, J./Sieben, G./Schildbach, Th. (1999): Kosten- und Leistungsrechnung, 8. Aufl., Düsseldorf.

Knoop, J. (1986): Online-Kostenrechnung für die CIM-Planung. Prozeßorientierte Kostenrechnung zur Ablaufplanung flexibler Fertigungssysteme, Berlin.

Kronast, M. (1989): Controlling. Notwendigkeit eines unternehmensspezifischen Selbstverständnisses, München.

Küpper, H.-U. (1993): Internes Rechnungswesen, in: Hauschildt, J./Grün, O. (Hrsg.): Ergebnisse empirischer betriebswirtschaftlicher Forschung. Zu einer Realtheorie der Unternehmung, Festschrift für Eberhard Witte, Stuttgart, S. 627-631.

Lambert, R.A. (2001): Contracting Theory and Accounting, in: Journal of Accounting and Economics, 32, S. 3-87.

Lawrence, P.R./Lorsch, J.W. (1969): Organization and Environment: Managing Differentiation and Integration, IL: Irwin.

Littkemann, J. (1997): Kontingenzansatz des Behavioral Accounting, in: DBW, 57. Jg., S. 861-864.

Lueken, G.-L. (1992): Inkommensurabilität als Problem rationalen Argumentierens, Stuttgart.

Männel, W. (Hrsg.) (1992): Handbuch Kostenrechnung, Wiesbaden.

Menon, A./Varadarajan, P.R. (1992): A Model of Marketing Knowledge Use within Firms, Journal of Marketing, 56. Jg., S. 53-71.

Mertens, P./Hansen, K./Rackelmann, G. (1977): Selektionsentscheidungen im Rechnungswesen – Überlegungen zu computergestützten Kosteninformationssystemen, in: DBW, 37. Jg., S. 77-88.

Meyer, A. (2003): Dürfen Controller lügen?, Arbeitspapier, WHU Vallendar.

Miles, R.E./Snow, C.C. (1978): Organizational Strategy, Structure and Process, New York.

Miles, R.E./Snow, C.C. (1986): Unternehmensstrategien, Hamburg.

Miller, D./Dess, G. (1993): Assessing Porter's (1980) Model in Terms of its Generalizability, Accuracy and Simplicity, in: Journal of Management Studies, Vol. 30, S. 553-585.

Miller, P. (2002): Sociology and Accounting, in: HWU, 5. Aufl., Stuttgart, SP. 1772-1784.

Müller-Stewens, G. (1991): Strategie und Organisationsstruktur, in: HWO, 3. Aufl., Stuttgart, Sp. 2344-2355.

Pfaff, D./Weber, J. (1998): Zweck der Kostenrechnung? Eine neue Sicht auf ein altes Problem. in: DBW, 58. Jg., S. 151-165.

Pfeiffer, W./Weiß, E. (1996): Lean Production, in: HWProd, 2. Aufl., Stuttgart, Sp. 1046-1061.

Plaut, H.G. (1952): Wo steht die Plankostenrechnung in der Praxis?, in: ZfhF N.F., 4. Jg., S. 396-407.

Plaut, H.G. (1984): Grenzplankosten- und Deckungsbeitragsrechnung als modernes Kostenrechnungssystem, in: Krp, 28. Jg., S. 20-26 und S. 67-72.

Porter, L.W./Lawler, E.E. (1968): Managerial Attitudes and Performance, Homewood/Ill.

Porter, M.E. (1980): Competitive Strategy: Techniques for Analyzing Industries and Competitors, New York.

Pritsch, G. (2000): Realoptionen als Controlling-Instrument. Das Beispiel pharmazeutischer Forschung und Entwicklung, Wiesbaden.

Pugh, D.S./Hickson, D.J./Hinings, C.R./Turner, C. (1969): The Context of Organization Structures, in: Administrative Science Quarterly, Vol. 14, S. 91-114.

Reitmeyer, Th. (1999): Qualität von Entscheidungsprozessen der Geschäftsleitung. Eine empirische Untersuchung mittelständischer Unternehmen, Wiesbaden.

Riebel, P. (1994): Einzelkosten- und Deckungsbeitragsrechnung: Grundfragen einer markt- und entscheidungsorientierten Unternehmensrechnung, 7. Aufl., Wiesbaden.

Riebel, P. (1996): Kuppelproduktion, in: HWProd, 2. Aufl., Stuttgart, Sp. 992-1004.

Riebel, P./Sinzig, W./Heesch, M. (1992): Fortschritte bei der Realisierung der Einzelkostenrechnung mit dem SAP-System, in: Controlling, 4. Jg., S. 100-105.

Schanz, G. (1993): Verhaltenswissenschaften und Betriebswirtschaftslehre, in: HWB, 5. Aufl., Stuttgart 1993, Sp. 4521-4532.

Schmalenbach, E. (1899): Buchführung und Kalkulation im Fabrikgeschäft, in: Deutsche Metall-Industrie-Zeitung, 15. Jg., S. 98-172.

Shields, M.D. (2002): Psychology and Accounting, in: HWU, 5. Aufl., Stuttgart, Sp. 1631-1640.

Steinmann, H./Guthunz, U./Hasselberg, F. (1992): Kostenführerschaft und Kostenrechnung, in: Männel, W. (Hrsg.): Handbuch Kostenrechnung, Wiesbaden, S. 1459-1477.

Schäffer, U. (1996): Controlling für selbstabstimmende Gruppen, Wiesbaden.

Schäffer, U. (2001): Kontrolle als Lernprozess, Wiesbaden.

Schanz, G, (1977): Grundlagen der verhaltenstheoretischen Betriebswirtschaftslehre, Tübingen.

Schneider, D. (1992): Theorien zur Entwicklung des Rechnungswesens, in: ZfbF, 44. Jg., S, 3-31.

Schneider, D. (1993): Betriebswirtschaftslehre, Bd. 1: Grundlagen, München, Wien.

Schneider, D. (1994): Betriebswirtschaftslehre, Bd. 2: Rechnungswesen, München, Wien.

Schweitzer, M./Friedl, B. (1997): Kostenmanagement bei verschiedenen Wettbewerbsstrategien, in: Becker, W./Weber, J. (Hrsg.): Kostenrechnung: Stand und Entwicklungsperspektiven – Wolfgang Männel zum 60. Geburtstag, Wiesbaden, S. 447-463.

Schweitzer, M./Küpper, H.-U. (1998): Systeme der Kosten- und Erlösrechnung, München.

Simon, H. (1972): Theories of Bounded Rationality, in: McGuire, C./Radner, R. (Hrsg.): Decision and Organizations, Amsterdam, S. 161-176.

Simons, R. (1987): Accounting Control Systems and Business Strategy: An Empirical Analysis, in: Accounting, Organizations and Society, Vol. 12, S. 357-374.

Simons, R. (1990): The Role of Management Control Systems in Creating Competitive Advantage: New Perspectives, in: Accounting, Organizations and Society, Vol. 15, S. 127-143.

Siepert, H.-M. (1992): Projektcontrolling im Großanlagenbau, in: Männel, W. (Hrsg.): Handbuch Kostenrechnung, Wiesbaden, S. 995-1007.

Smith, K.-G./Gannon, M.-J./Grimm, C./Mitchell, T.-R. (1988): Decision making in smaller entrepreneurial and larger professionally managed firms, in: Journal of Business Venturing, 3. Jg., S. 223-232.

Staehle, W.H. (1991): Management. Eine verhaltenswissenschaftliche Perspektive, 6. Aufl., München.

Toffel, C. (2002): Die Kosten der Kosten- und Erlösrechnung, Diss. WU Wien.

Vikas, K. (1992): Besonderheiten der Kosten-, Leistungs-, Erlös- und Ergebnisrechnung in Dienstleistungsbetrieben, in: Männel, W. (Hrsg.): Handbuch Kostenrechnung, Wiesbaden, S. 1043-1056.

Wagenhofer, A. (1993): Kostenrechnung und Agency Theorie, in: Weber, J. (Hrsg.): Zur Neuausrichtung der Kostenrechnung. Entwicklungsperspektiven für die 90er Jahre, Stuttgart, S. 161-181.

Wagenhofer, A. (1996): The Value of Distorting Overhead Costs in allocations in an agency setting, in: Management Accounting Research, 7, S. 367-385.

Weber, J. (1985): Kostenrechnung als Controllinginstrument in: Krp-Sonderheft, S. 23-31.

Weber, J. (1989): Change Management der Kostenrechnung, in: Scheer, A.W. (Hrsg.): Rechnungswesen und EDV, 10. Saarbrücker Arbeitstagung, Heidelberg 1989, S. 31-47.

Weber, J. (1990): Einführung in das Rechnungswesen II: Kostenrechnung, 1. Aufl., Stuttgart.

Weber, J. (1992): Entfeinerung der Kostenrechnung?, in: Scheer, A.-W. (Hrsg.): Rechnungswesen und EDV, 13. Saarbrücker Arbeitstagung, Heidelberg 1992, S. 173-199.

Weber, J. (1993): Kostenrechnung im System der Unternehmensführung – Stand und Perspektiven der Kostenrechnung in den 90er Jahren, in: Weber, J. (Hrsg.): Zur Neuausrichtung der Kostenrechnung. Entwicklungsperspektiven für die 90er Jahre, Stuttgart, S. 1-77.

Weber, J. (1993b): Stand der Kostenrechnung in deutschen Großunternehmen – Ergebnisse einer empirischen Erhebung, in: Weber, J. (Hrsg.): Zur Neuausrichtung der Kostenrechnung. Entwicklungsperspektiven für die 90er Jahre, Stuttgart, S. 257-278.

Weber, J. (1994): Kostenrechnung zwischen Verhaltens- und Entscheidungsorientierung, in: Krp, 38. Jg., S. 99-104.

Weber, J. (1995): Kostenrechnung(s)-Dynamik – Einflüsse hoher unternehmensex- und -interner Veränderungen auf die Gestaltung der Kostenrechnung, in: BFuP, 47. Jg., S. 565-581.

Weber, J. (1995b): Wachstumsschwellen als Rahmenbedingungen für ein effizientes Controlling im Klein- und Mittelbetrieb, in: Wagenhofer, A./Gutschelhofer, A. (Hrsg.): Controlling und Unternehmensführung. Aktuelle Entwicklungen in Theorie und Praxis, Wien 1995, S. 3-22.

Weber, J. (1996): Selektives Rechnungswesen, in: ZfB, 66. Jg. (1996), S. 925-946.

Weber, J. (2002): Logistikkostenrechnung. Kosten-, Leistungs- und Erlösinformationen zur erfolgsorientierten Steuerung der Logistik, 2. Aufl., Berlin u.a.

Weber, J. (2004): Einführung in das Controlling, 10. Aufl., Stuttgart.

Weber, J. (2003): Controlling in unterschiedlichen Führungskontexten – ein Überblick, in: ZfCM, 47. Jg., S. 183-192.

Weber, J./Aust, R. (1997): Reengineering Kostenrechnung. Notwendigkeit – Benchmarking – Veränderungsschritte, Schriftenreihe Advanced Controlling, Bd. 5, Vallendar.

Weber, J./Blum, H. (2001): Logistik-Controlling. Konzept und empirischer Stand, Schriftenreihe Advanced Controlling, Bd. 20, Vallendar.

Weber, J./David, U./Prenzler, C. (2001): Controller Excellence. Strategische Neuausrichtung der Controller, Schriftenreihe Advanced Controlling, Bd. 23/24, Vallendar.

Weber, J./Freise, H.-U./Schäffer, U. (2001): E-Business und Controlling, Schriftenreihe Advanced Controlling, Bd. 22, Vallendar.

Weber, J./Hunold, C. (2002): Gestaltung und Nutzung der kommunalen Kostenrechnung – eine empirische Studie, in: Krp, 46. Jg., S. 37-45.

Weber, J./Liekweg, A. (2001): Zur Rationalität des Risikomanagements, in: Lange, K.W./Wall, F. (Hrsg.): Risikomanagement nach dem KonTraG, – Aufgaben und Chancen aus betriebswirtschaftlicher und juristischer Sicht –, München, S. 457-503.

Weber, J./Linder, S. (2003): Budgeting, Better Budgeting oder Beyond Budgeting? Konzeptionelle Eignung und Implementierbarkeit, Schriftenreihe Advanced Controlling, Bd. 33, Vallendar.

Weber, J./Reitmeyer, Th./Frank, S. (2000): Erfolgreich entscheiden. Der Managementleitfaden für den Mittelstand, Frankfurt a.M., Wiesbaden.

Weber; J./Weißenberger, B.E. (1997): „Relative Einzelkosten- und Deckungsbeitragsrechnung". A Critical Evaluation of Riebel's Approach, in: MAR, Vol. 8, S. 277-298.

Weber, J./Weißenberger, B.E. (2002): Einführung in das Rechnungswesen. Kostenrechnung und Bilanzierung, 6. Aufl., Stuttgart.

Weber, J./Weißenberger, B.E./Aust, R. (1998): Benchmarking des Controllerbereichs – Ein Erfahrungsbericht, in: BFuP, 51. Jg., S. 381-401.

Weber, J./Weißenberger, B.E./Guth, S./Spieker, M. (2000): Accounting Excellence. Die Kostenrechnung auf dem Prüfstand, Schriftenreihe Advanced Controlling, Bd. 16, Vallendar.

Weißenberger, B.E. (1997): Die Informationsbeziehung zwischen Management und Rechnungswesen. Analyse institutionaler Koordination, Wiesbaden.

WIBERA Projektgruppe Hochschulkostenrechnung H. Bolsenkötter (1972): Kostenrechnung in Hochschulen, Düsseldorf.

Woodward, J. (1965): Industrial Organization: theory and practice, London.

Zimmerman, J.L. (1997): Accounting for Decision Making and Control, 2. Aufl., Chicago u.a.

AUS DER REIHE Gabler Edition Wissenschaft

„Schriften des Center for Controlling & Management (CCM)"
Herausgeber: Prof. Dr. Jürgen Weber

zuletzt erschienen:

Ulrich David
Strategisches Management von Controllerbereichen
Konzept und Fallstudien
2005. XVIII, 329 S., 35 Übersichten, Br. € 55,90
ISBN 3-8350-0014-4

Andreas Florissen
Preiscontrolling
Rationalitätssicherung im Preismanagement
2005. XVIII, 381 S., 20 Abb., Br. € 55,90
ISBN 3-8244-8263-0

Anna Lena Peitsch
Strategisches Management in Regionen
Eine Analyse anhand des Stakeholder-Ansatzes
2005. XVIII, 345 S., 41 Abb., 4 Tab., Br. € 55,90
ISBN 3-8350-0117-5

Jürgen Weber
Gestaltung der Kostenrechnung
Notwendigkeit, Optionen und Konsequenzen
2005. XI, 118 S., 6 Abb., Br. € 49,90
ISBN 3-8350-0201-5

Bianca Willauer
Consensus as Key Success Factor in Strategy-Making
2005. XIX, 329 S., 24 Abb., 37 Tab., Br. € 55,90
ISBN 3-8244-8255-X

Jürgen Weber und Matthias Meyer (Hrsg.)
Internationalisierung des Controllings
Standortbestimmung und Optionen
2005. VIIII, 313 S., 35 Abb., 11 Tab., Br. € 65,90
ISBN 3-8350-0013-6

www.duv.de
Änderung vorbehalten.
Stand: Oktober 2005

Deutscher Universitäts-Verlag
Abraham-Lincoln-Str. 46
65189 Wiesbaden